親鸞

その人間・信仰の魅力

藤田正勝

法藏館

目次

親鸞――その人間・信仰の魅力――

まえがき

親鸞は晩年に多くの和讃《わさん》、つまり、和語によって仏や高僧の徳を讃えた今様形式の詩を残した。そのなかに『正像末《しょうぞうまつ》和讃』と題されたものがある。「正像末史観」といういわゆる末法《まっぽう》思想に関わる歴史観については、のちに取りあげることにしたいが、この『正像末和讃』のなかに「愚禿《ぐとく》悲歎述懐《ひたんじゅっかい》」、つまり嘆き悲しみながら述懐したものと題された和讃がある（「愚禿」とは親鸞のことを指す。このことに関してもあとで述べることにしたい）。

この「愚禿悲歎述懐」のなかに「浄土真宗に帰すれども／真実の心《しん》はありがたし／虚仮《こけ》不実のわが身にて／清浄《しょうじょう》の心もさらになし」と記されている。浄土真実の教えに帰依したが、真実の心をもつことはほとんどありえないことである、わが身はみせかけやうそ、いつわりでいっぱいであり、清浄な心は少しもない、という意味である。これは親鸞が八十五歳のときに述懐したものである。最晩年においてもなお、自己の底に深い闇があることを痛いほどに自覚していたことがわかる。

だいぶん以前のことになるが、筆者はこの痛烈な嘆きの言葉を読んで大きな衝撃を受けた。『教行信証《きょうぎょうしんしょう》』と題した浩瀚な書を著し、浄土真宗の教えを通して多くの人々の救済に力を尽くした親鸞が、しかもこの齢を重ねた親鸞がなぜ自らを「虚仮不実のわが身」と言わざるをえなかったのか、この疑問が筆者をとらえて離さなかったのである。それ以来、筆者の心のなかに親鸞が大きな存在としてありつづけてきた。いつか、親鸞がどのような人間であったのかを詳しく見てみたいという思いをそれ以来抱きつづけてきたが、やっとその課題に取り組む機縁に恵まれ、たいへんうれしく思っている。

筆者は仏教を、あるいは浄土真宗を専門に研究する者ではない。少しばかり哲学を学んだことがあるにすぎない。そのような者が親鸞について論じることに、大きなためらいを抱くのであるが、しかし専門の研究者でなくても、人間親鸞には正面から向きあうことができるのではないか、そういう立場から親鸞の魅力を描きだすことも可能なのではないか、そうした思いから本書の執筆を始めた。また、親鸞の信仰がもつ特徴や意義は、たとえば他の宗教や哲学なども視野に入れたより広い視点から見たとき、あるいは現代という視点から見たとき、どのように見えてくるのか、そういう関心も本書を著す大きな動機になった。一人の思索者として、親鸞が語りかけてくるものに耳を傾け、聴きとったものが本書であると言ってもよいかもしれない。そのような親鸞論にもいささかなりとはいえ意味があるのではないかと思った次第である。

本書は仏教学や真宗学の研究書として書かれたものではない。日ごろ、生きる意味について考えたり、あるいはわたしたちの社会のあるべき姿について考えたり、それとの関わりで宗教や仏教の問題に関心を寄せておられる方々と一緒に、親鸞の人間としての魅力、そしてその信仰の魅力や意義について考えたいと思って執筆したものである。そういう方々と、いま、このさまざまな困難を抱える現代の社会のなかで――寛容さが失われ、一人ひとりが孤立する社会のなかで――親鸞が語りかけてくるものがどのような意味をもつのかについて考え、ともに議論できればと願っている。

そういう意図とも関わるが、本書は仏教や浄土真宗に関する専門の知識を前提にしていない。そういう知識をおもちでない方にもご理解いただけるように、むつかしい用語や表現には、できるだけ説明を加えるようにした。親鸞の難解な表現の向こうにある、その意図をこそ理解し、読者の皆さんと共有したいと考えたからである。

1　親鸞が生きた時代

救いを求める声

「宗教とは何か」という問いに答えることは簡単ではない。いろいろな側面があり、おそらくその全体を一言で語ることはできないであろう。しかし、一つの視点からそれについて語るということはできるかもしれない。筆者のそれについての一つの理解は、「宗教は救われないところから始まる」というものである。そのように言うと、奇異な印象をもたれる方が多いかもしれない。しかし、実際、救いを求める声がないところには宗教はないと言ってよいのではないだろうか。日本の哲学の歴史のなかで大きな役割を果たした西田幾多郎の最後の論文は「場所的論理と宗教的世界観」と題したものであった。それについて西田は「私の最終の世界観とも云ふべきもの」であると述べている(1)。この西田の思想の集大成とも言うべき宗教論のなかで、西田は「仏あつて衆生あり、衆生あつて仏ある(2)」と記している。前半はすぐに理解できるが、後半の「衆生あつて仏ある」という部分については、私自身、理解するのに大いにとまどった経験がある。しかし、宗教の教えや儀礼は、救いを求める衆生の存在を前提にして、はじめて意味をもつと言うことができるのではないだろうか。それを信じ、求める人のいない宗教は単なる空虚な建築物にすぎないと言ってもよいのではないだろうか。

そもそもわれわれはなぜ救いを求めるのであろうか。次々にわきおこってくる欲望、それに突き動かされて積み重ねていくさまざまな悪しき行為、そうしたものを前にしてわれわれは自分の不十分さや愚かさ、悪や罪を意識する。そこでわれわれはなぜ自分の愚かさや悪を意識するのであろうか。それはおそらく何か完全なものを思い描いたり、そうしたものに出会ったからではないだろうか。そこに救いを求める声が生まれるのではないだろうか。そしてそのとき、手を差し伸べてくる者の声を聞くのではないだろうか。そういう意味で救いを求める者と救いを与えようとする存在とは一つの根源から出てきていると言えるのかもしれない。「仏あつて衆生あり、衆生あつて仏ある」という言葉は、そのような宗教の原点を指し示しているように思われる。

末法の時代

親鸞が教えを説いた鎌倉時代は、まさに多くの人が救いを求める声を挙げていた時代であった。親鸞がそのもとで教えを受け、決定的な回心を経験した法然《ほうねん》（一一三三—一二一二年）の『選《せん》択本願《じゃくほんがん》念仏集』には、「当今は末法にして、現にこれ五濁悪世《ごじょくあくせ》なり」という、中国浄土教の第二祖道綽《どうしゃく》（五六二―六四五年）が著した『安楽集《あんらくしゅう》』の言葉が引かれている。(3)人々はいままさに末法の時代に生きているという意識を法然は強くもっていた。

末法思想というのは、釈迦が入滅してから、その教えが徐々に力を失い、衰微していくという思想である。最初はその正しい教えが受けつがれる。その正法《しょうぼう》の時代に続いて、教えとその実践とは残っているが、正しい修行がなされないために誰もさとりを開くものがいない像法《ぞうぼう》の時代が来る。そして最後に、教えは残るが、行《ぎょう》（実践）も、証《しょう》（その結果としてのさとり）もなくなる末法の時代が来るとされている。

インドですでに、釈迦の入滅後、時間の経過とともに仏法が衰滅するという思想が唱えられていたが、それを踏まえて中国において正法・像法・末法の三つの時代が次々に訪れるという思想が形作られていった。それは隋唐の時代に成立した仏教諸宗派に大きな影響を与えた。なかでも浄土教の成立にはこの末法思想が大きな役割を果たした。先ほど触れた『安楽集』には次のような言葉が見える。「いまの時の衆生《しゅじょう》を計るに、すなはち仏、世を去りたまひて後の第四の五百年に当れり。まさしくこれ懺悔《さんげ》し福を修《しゅ》し、仏の名号を称すべき時なり」（『大集経《だいじっきょう》』「月蔵分《がつぞうぶん》」に基づく表現。『七祖篇』一八四頁）。この末法の時代には、犯した罪を認めて悔い改め、よい行いを実践するとともに、仏の名号を称えること、つまり称名《しょうみょう》こそが求められるということがここに言われている。(4)

この末法思想は日本には平安時代の初めには（あるいは奈良時代にすでに）伝えられていたと推測される。いつから末法に入るかに関しては諸説があるが、日本では一〇五二年に末法の時代に入るという説が広く行われていた。そのため平安時代後期から鎌倉時代にかけて、末法思想は人々の心を強く捉えていった。そして時代はまさに貴族の時代から武士の時代へと、大きな転換を経験しようとしていた。歌人としてその名を知られる西行法師は、うちつづく戦乱がもたらした悲惨な状況を、ある和歌に付した詞書きのなかで次のように描写している。「世の中に武者起りて、西東北南《にしひがしきたみなみ》、軍《いくさ》ならぬ所なし、打続き人の死ぬる数聞く、おびた〻し。まこととも覚えぬほどなり、こは何事の争ひぞや、あはれなることのさまかなと覚えて」（『聞書集』）。世の中に武士が立って、東西南北、どこでも戦をしていないところはない。次から次へと人が死んでいくが、その数を聞くと、実におびただしい数である。ほんとうとも思われないほどである。これはいったい何のための争いなのであろうか。実に悲しいありさまだと思いながら詠む、という意味である。

加えて平安時代末期に京都では、「太郎焼亡《しょうぼう》」、「次郎焼亡」と呼ばれた大火災が起こり、さらに地震や日照りなどの災害が相つぎ、養和年間（一一八一―一一八二）には大飢饉が発生して無数の餓死者が出た。その様子を鴨長明は『方丈記』のなかで、「築地《ついひぢ》のつら〔かたわら〕、道のほとりに、飢ゑ死ぬる物のたぐひ、数も不知《しらず》。取り捨つるわざも知らねば、くさき香《か》世界にみち満ちて、変りゆくかたちありさま、目も当てられぬこと多かり」と描きだしている。このようなうちつづく災害も、末法の時代の到来を人々に強く印象づけたと考えられる。

凡夫を救いたいという法然の願い

法然もまたこのような状況のなかに身を置いていた。そのような状況のなかで、先ほどの「当今は末法にして、現にこれ五濁悪世なり」という言葉は語られたのである。「五濁悪世」とは、この世が、むさぼりや怒りなど人々のあさましさや、人間の資質の低下、誤った思想の流布、時代の汚れなど、五つの汚れで満ちることを指す。そのようななかで人々は光を見いだせないでいた。そうした人々が救われる道はあるのか、この問いに法然は直面し、その答えを求めつづけたと言ってよいであろう。

そこで法然が直視せざるをえなかったのは、「凡夫《ぼんぷ》」という人間のあり方であり、そこから人々がいかにしても逃れられないという現実であった。真剣に教えを学びたゆまず修行をしようとしても、誰もそれをなし遂げることができない、あるいは、貧しさや災害のために仏の教えに触れることもできない、生き延びることすらできないという現実であった。

法然は『選択本願念仏集』の冒頭で、『安楽集』から「一切衆生はみな仏性《ぶっしょう》あり。遠劫《おんごう》よりこのかた多仏に値〔会〕ひたてまつるべし。なにによりてか、いまに至るまでなほみづから生死《しょうじ》に輪廻して火《か》宅《たく》を出でざるや」（『七祖篇』一一八三頁）という文章を引用している。「生死」（saṃsāra）という言葉は、衆生が生まれかわり、死にかわって、迷いの世界を果てしなくめぐりさまようこと、つまり「輪廻」を意味する。すべての人が仏性、つまり仏となりうる可能性をもっているにもかかわらず、また遠い昔から多くの仏に出会ってきたはずであるにもかかわらず、なぜこの迷いの世界をめぐりさまようのか、なぜ燃えさかる家のようなこの苦しみの世界から逃れることができないのか。この問いが法然の出発点にあったと言うことができる。

この文章からも、生死の世界、迷いの世界を脱することのできない衆生を救いたいというのが法然のもっとも大きな願いであったことがわかる。

もちろん、大乗仏教がもともとめざしてきたのは衆生の救済であったと言える。たとえば、すべての仏や菩薩が共通してもつと言われる誓い・願いが「四《し》弘《ぐ》誓願《せいがん》」という形にまとめられている。具体的に言うと、「衆生無辺誓願度《しゅじょうむへんせいがんど》、煩悩無尽誓願断《ぼんのうむじんせいがんだん》、法門無尽誓願学《ほうもんむじんせいがんがく》（知）、仏道無上誓《ぶつどうむじょうせい》願成《がんじょう》（証）」というものである（その原形は『心地《しんじ》観経《かんぎょう》』にあると言われる）。つまり、限りなく多くの衆生を済度《さいど》しよう（救ってさとりの境界へと渡そう）という願い、尽きることのない煩悩を滅しようという願い、尽きることのない仏の教えをすべて学ぼうという願い、この上ないさとりへといたろうという願いである。仏道を志すものは必ずこの誓いを立てなければならないとされている。ここで重要なのは、いちばん最初に、つまり自分自身が煩悩を断つという誓いに先だって、すべての衆生を救済しようという誓いが置かれている点である。大乗仏教において何がめざされていたのかがここによく示されている。

しかし、実際には、多くの人の目は自己自身の救済に向けられていた。末法の時代になり、救いの手立てがないことが強調されるとともに、いっそう強く自己の救いへと人々の関心が注がれていった。

『往生要集』の影響

平安時代、大きな影響を与えた仏教書の一つに『往生要集《おうじょうようしゅう》』がある。天台宗の僧源信《げんしん》(恵心《えしん》僧都《そうず》、九四二―一〇一七年)の著したものである。その冒頭で「それ往生極楽の教行は、濁世《じょくせ》末代の目足《もくそく》」(『七祖篇』七九七頁)であると言われている。極楽に往生するためのさまざまな教えや行は、濁り汚れた末法の世に人々の目となり足となるものである、ということである。しかし、その教えや行の多くは理解が簡単ではなく、実行も容易ではない。「余がごとき頑魯《がんろ》のもの」、つまりかたくなで愚かなものには、念仏こそが唯一の道であるということがそこで強調されている。この教えは末法の世で救いの道を探し求めていた人々に広く受け入れられていった。そしてこの書はのちのちまで広く思想や文学、美術など、さまざまな領域で大きな影響を及ぼした。

この書のなかで源信は、地獄や餓鬼など、輪廻する世界の恐ろしさと苦しさをありありと描き出し、このけがれた生死の世界、つまり穢土《えど》から離れ（厭離穢土《えんり》）、西方の極楽浄土への往生を願うべきこと（欣求浄土《ごんぐ》）を説いた。そしてそのために念仏を勧めた。もちろん念仏だけを勧めたのではなく、「一切の善業《ぜんごう》はおのおの利益《りやく》あり、おのおの往生することを得てん」（『七祖篇』一〇九六頁）というのが源信の基本的な考え方であったと言える。また念仏にしても、阿弥陀仏の名号を称えるという称名念仏よりも、むしろ、仏や菩薩の姿や功徳、さらには浄土の様子などを心をこらして想い浮かべる観想念仏を中心にしたものであった。この書の中心をなす「正修《しょうしゅ》念仏」の章では阿弥陀仏の姿や阿弥陀仏が座る蓮の台座の様子が事細かに記されている。それらを観想することを源信は勧めたのである。

『往生要集』は末世における救いの可能性を具体的に示した点で、そして人々の関心を念仏に向けさせたという点で大きな役割を果たした。しかし同時に、いかにして仏を観想し、臨終を迎えるか、いかにして私が救われるか、つまり自己自身の死と往生とに人々の関心を向けさせることにもつながった。その一つの例は『栄花物語』である。『栄花物語』は時の権力者藤原道長がきわめた栄華が主題であるが、最後にその死を描いている。そこで『往生要集』の「臨終行儀」に記された文章そのままに、「すべて臨終念仏思《おぼ》しつづけさせたまふ。仏の相好《そうごう》〔容貌形相〕にあらずよりほかの色を見むとおぼしめさず、仏法の声にあらずよりほかの余の声を聞かんと思しめさず、後生のことよりほかのことを思しめさず、……御手には阿弥陀如来の御手の糸〔部屋の西に置かれた仏像の手から垂らされた五綵《ごさい》の幡《はた》（五色の布）」をひかへさせたまひて、北枕に西向きに臥させたまへり」とその最後の様子が記されている(5)。

法然の「念仏」

それに対して、法然の『選択本願念仏集』やその伝記である『法然上人行状絵図』を読んで気づくのは、衆生の救済への強い思いである。法然の目はどこまでも末世において救いの手立てをもたない凡夫に向けられていた。『選択本願念仏集』では、たとえば「罪悪生死の凡夫、曠劫《こうごう》よりこのかたつねに没《もっ》しつねに流転して、出離の縁有ることなし」という、道綽の教えを受けた浄土教の第三祖善導《ぜんどう》（六一三―六八一年）の『観経疏《かんぎょうしょ》』の言葉が引かれている（『七祖篇』四五七、一二三四頁）。煩悩に縛られ、はるかな昔からいまにいたるまで生死の世界を流転しつづけてやまない凡夫は、結局、そこから抜け出ることはできないのであろうか。その手がかりを得ることはできないのであろうか。法然はこの問いに正面から向きあった人であったと言うことができる。『法然上人行状絵図』では、法然が「われ浄土宗をたつる心は、凡夫の報土にむまる丶ことをしめさむためなり(6)」と語ったことが記されている。迷いから抜けでる手立てをもたない衆生もまた浄土に生まれることを示すのが、浄土宗を開いたそもそもの意図であったことがここで高らかに宣言されている。

『往生要集』で説かれたような極楽への往生の具体的方策ではなく、そもそも凡夫に救いはありうるのかが、法然が問おうとした問題であったと言ってもよい。すぐに答えが見いだせたわけではない。阿弥陀仏の名前を一心に称えることによって、すべての人々が救われるという確信を法然が得たのは、四十歳を越えてからのことであったと言われている。

法然は十五歳のときに（十三歳のときにという説もある）比叡山に登り、そこで修行と学問に励んだ。そのおりに、かつてやはり比叡山でひたすら仏道の修行に努めた源信の『往生要集』から大きな影響を受けた。『往生要集釈』などの注釈書を著している。濁り汚れた世に人々の目となり足となる教えを説こうとする源信に強く惹かれたと考えられる。しかし『往生要集』で言われる念仏は、先ほど述べたように、称名を含むものではあったが、あくまで観想を主とするものであった。

法然はおそらくその立場に心の底から共感することができなかったのであろう。あちこちに教えを探し求め、そのときに出会ったのが善導の『観経疏』であった。それを読んで法然は大きな転換を経験した。

「一心にもつぱら弥陀の名号を念じて、行住坐臥、時節の久近《くごん》を問はず、念々に捨てざるもの、これを正定《しょうじょう》の業《ごう》となづく。かの仏の願に順ずるがゆゑに」という言葉が法然を回心に導いたのである（『選択本願念仏集』第二章段、『七祖篇』一一九四頁）。歩くときもとどまるときも、起きているときも寝ているときも、時間の長短を問わず、いっときもやめることなく一心に阿弥陀仏の名前を称えることが「正定の業」である。つまり、往生がまさしく定まる行である。それは仏願（本願）、つまり『無量寿経《むりょうじゅきょう》』に説かれている法蔵菩薩《ほうぞうぼさつ》（阿弥陀如来）の四十八の願のうち、とくに浄土教でもっとも重視される第十八番目の願、衆生（生きとし生けるもの）をすべて浄土へと往生させようという誓いに基づく。「たとひわれ仏を得たらんに、十方《じっぽう》の衆生、至心信楽《ししんしんぎょう》して、わが国に生ぜんと欲《おも》ひて、[7]乃至《ないし》十念《じゅうねん》せん。もし生ぜずは、正覚《しょうがく》を取らじ。ただ五逆《ごぎゃく》と誹謗正《ひほうしょう》法《ぼう》[8]とをば除く」（『聖典』一八頁）というのがこの第十八願である。すべての人が心から信じて、わたしの国に生まれたいと願い、わずか十回でも念仏するのでなければ、そして実際にわたしの国に生まれるのでなければ、わたしは決してさとりを開かないという誓いがここに述べられている。念仏、つまり称名こそが往生が正しく決まる原因であるというのはこの阿弥陀如来の願に基づく、というのが先の引用の意味である。この言葉のなかに法然はめざすべきもの、自らが立脚すべきものを見いだしたのである。

　この善導の『観経疏』との出会いについて、『法然上人行状絵図』は次のように記している。「末世の凡夫弥陀の名号を称せば、かの仏の願に乗じて、たしかに往生をうべかりけりといふことはり〔理〕をおもひさだめ給ぬ。これによりて承安《じょうあん》五年の春、生年四十三、たちどころに余行をすてゝ、一向に念仏に帰し給〔ひ〕にけり」[9]。四十三歳のとき、阿弥陀仏の名号を称えることによってこそ末世の凡夫も往生をすることができるという確信をいだいたというのである。それ以後、他の修行の方法を捨て、ひらすらに念仏する道を歩んだということがここに記されている。

末世に生きる凡夫にも救われる道がある、その確信が法然自身の歩みを確かなものにしたのである。法然が日本の仏教の歴史のなかで果たした大きな役割は、念仏を観想念仏から称名念仏へと純化していった点に、そしてこの称名念仏こそが迷いの世界を流転する衆生が救われる唯一の道であることをはっきりと示した点にあると言うことができる。

親鸞と末法

親鸞の信仰についてもまた、「末法」という時代意識を抜きに考えることはできない。親鸞もまた『教行信証』の「化身土巻《けしんどまき》」において、法然と同様に『安楽集』の「当今は末法にしてこれ五濁悪世なり」という言葉を引いたあと、「穢悪《えあく》・濁世の群生《ぐんじょう》、末代の旨際《しさい》を知らず、僧尼の威儀を毀《そし》る。今の時の道俗、おのれが分を思量せよ」(『聖典』四一七頁)と記している。いまの五濁悪世に生きる人々は、末法の世であるにもかかわらず、それがどういう時代であるのかを理解せず、出家者の行動やふるまいを非難したりしている、出家者にせよ、在俗の人にせよ、いまどういう時代に生きているのかということを十分に認識しなければならないというのである。法然や親鸞にかぎらず、鎌倉時代の仏教者たちが信仰に向きあうときの真剣さは、この「末法」の意識に由来すると言ってよい。

このような末法についての強い意識のもとで、親鸞の目もまた、法然と同様に、この悪世において迷いの世界を逃れる手立てても縁ももたない衆生に向けられていた。『歎異抄』「後序《ごじょ》」には、「煩悩具足の凡夫、火宅無常の世界は、よろづのこと、みなもつてそらごとたはごと、まことあることなき……」という親鸞の言葉が紹介されている。親鸞は『一念多念証文《いちねんたねん》』と題した文章のなかで凡夫について、「無明煩悩《むみょうぼんのう》われらが身にみちみちて、欲《よく》もおほく、いかり、はらだち、そねみ、ねたむこころおほくひまなくして、臨終《りんじゅう》の一念にいたるまでとどまらず、きえず、たえず」(『聖典』六九三頁)と記しているが、われわれは無知や欲望、怒りなど、身や心を悩ますもので満たされており、そこから容易に離れることができない。そして、この世は燃えさかる家のようなもので、移ろってやむことがない。そういう世界では、すべてが嘘偽《うそいつわ》りや絵空事であり、何ひとつ真実はない、というのである。

親鸞もまた、その主著『教行信証』のなかで、先ほど触れた善導の『観経疏』の言葉を引いている。「衆生久しく生死《しょうじ》に沈みて、曠劫《こうごう》より輪廻し、迷倒《めいとう》してみづから纏《まと》ひて、解脱《げだつ》するに由なし」(『七祖篇』四六九頁)というものである。人ははるかな昔から迷いに迷いを重ねて、自分で自分を縛っており、生死から出離してさとりを得る力も手立てももたないということである。そのような身動きならない状況のなかであがき、必死に救いの可能性を探し求める人々――『教行信証』「化身土巻」では「濁悪《じょくあく》の群萌《ぐんもう》〔群がり生える草のような存在〕」という表現がなされている——にどのような道を指し示すことができるのか。法然や親鸞の信仰は、その可能性を探るところから生まれたと言ってよい。

この悪世では自力の修行によってさとりへといたることはできない、ただ称名念仏し、阿弥陀仏の力によって往生を願うほかはない、それこそが、法然の宗教的な自覚であったが、親鸞はこの法然の教えを受け継ぎ、法然がたどった道を法然とともに歩もうとしたと言うことができる。その親鸞が歩んだ道を以下で見てみたいと思う。

(1) 拙著『人間・西田幾多郎——未完の哲学』(岩波書店、二〇二〇年)三〇九頁以下参照。

(2) 『西田幾多郎全集』(竹田篤司ほか編、岩波書店、二〇〇二—二〇〇九年)第一〇巻三二四—三二五頁。

(3) 浄土真宗教学研究所・浄土真宗聖典編纂委員会編『浄土真宗聖典 七祖篇——註釈版』(本願寺出版社、一九九六年)二四一頁。以下、本書からの引用については、本文中に、引用文に続いて『七祖篇』と記し、そのあとに頁数を記す。親鸞もまた『教行信証』のなかでこの箇所を引用している。親鸞の著作については真宗聖典編纂委員会編『浄土真宗聖典——註釈版』(本願寺出版社、一九八八年)から引用する。同書四一七頁参照。以下、本書からの引用については、本文中に、引用文に続いて『聖典』と記し、そのあとに頁数を記す。

（4）名号とは、一般には仏や菩薩の名前のことであるが、とくに浄土教では阿弥陀如来の名前ないし尊号を指す言葉として用いられる。浄土真宗では「南無阿弥陀仏《なもあみだぶつ》」を六字の名号と言い、その徳を表現した「南無不可思議光仏」を八字の名号、「南無不可思議光如来」を九字の名号、「帰命尽十方無碍光《きみょうじんじっぽうむげこう》如来」を十字の名号と言う。「南無」について親鸞は『教行信証』「行巻」において、「南無の言は帰命なり。……帰命は本願招喚の勅命なり」（『聖典』一七〇頁）と記しているが、心から信じ、まごころを込めて帰順することを意味する。あとで詳しく述べたいが、阿弥陀如来の「わたしの国に生まれたいと願ってわが名を称えよ」という呼び声、わたしを心から信じて、わたしの国に来たれという命令に、すべてのはからいを捨てて心から「はい」と答えることだと言ってよいであろう。

（5）『新編日本古典文学全集』第三三巻『栄花物語』第二冊（山中裕ほか校注・訳、小学館、一九九七年）一六二―一六三頁。

（6）『法然上人行状絵図』第六、『法然上人絵伝』二冊（大橋俊雄校注、岩波文庫、二〇〇二年）上五八頁。

（7）「至心」、「信楽」、「わが国に生ぜんと欲ふ（欲生）」ということに関しては、『尊号真像銘文』（本尊として安置された名号や祖師の画像に付された讃文の意味を親鸞が解き明かしたもの）のなかで次のように解説されている。「「至心」は真実と申すなり、真実と申すは如来の御ちかひの真実なるを至心と申すなり。煩悩具《ぼんのうぐ》足《そく》の衆生は、もとより真実の心なし、清浄の心なし、濁悪邪見のゆゑなり。「信楽」といふは、如来の本願真実にましますを、ふたごころなくふかく信じて疑はざれば、信楽と申すなり。この「至心信楽」は、すなはち十方の衆生をして、わが真実なる誓願を信楽すべしとすすめたまへる御ちかひの至心信楽なり、凡夫自力のこころにはあらず。「欲生我国」といふは、他力の至心信楽のこころをもつて安楽浄土に生れんとおもへとなり」（『聖典』六四三—六四四頁）。

（8）「五逆」とは、五つのもっとも重い罪、具体的には、父を殺すこと、母を殺すこと、阿羅漢《あらかん》（さとりを得て、人々から尊敬と供養を受ける資格を備えるに至った人）を殺すこと、僧団の和合をこわすこと、仏身を傷つけることを指す。「誹謗正法」とは、仏教の正しい教えを謗り、毀損すること。

（9）『法然上人絵伝』上五一頁。

2　法然と親鸞

法然の教えを「うけたまはりさだめた」親鸞

『本願寺聖人伝絵』によれば、親鸞は一一八一年、数え年で九歳のときに慈円のもとで得度し、比叡山で修行した。慈円は関白藤原忠通《ただみち》の子であるが、幼くして出家した。西行と並ぶ歌人としても世に知られるが、兄兼実《かねざね》が一一九二年に関白となったとき、三十八歳で天台座主《ざす》となった人である。しかし当時の政治のうねりのあおりを受け、四度にわたって座主就任と辞任をくり返した。親鸞が得度したあとも、両者のあいだにさまざまな関わりがあったことが想像されるが[1]、それを具体的に記す資料は残されていない。

親鸞はかつて源信が『往生要集』の執筆に専心した比叡山の横川《よかわ》にある常行三昧堂《じょうぎょうざんまいどう》の堂僧として、主として観想念仏の修行に励んだと考えられる。二十年にわたって修行を積み重ね、「生死出離」の道を歩もうとしたが、それを果たすことができなかった。本願寺三世覚如《かくにょ》の長男・存《ぞん》覚《かく》が、親鸞の徳を讃えた『嘆徳文《たんどくもん》』のなかで、「定水《じょうすい》を凝《こ》らすといへども識浪《しきろう》しきりに動き、心月を観ずといへども妄雲なほ覆ふ」という言葉を記している。心を静めて、波一つない状態を作りだそうとしても、欲や怒りのために心は波打ってやまない、さとりを得た澄みきった心の月を見ようとしても、煩悩のむらくもによって遮られてしまう、文字通りこのような経験を親鸞はしていたのであろう。

二十九歳のときに親鸞は山を降り、聖徳太子ゆかりの京都の六角堂（天台宗系の寺院・頂法寺）に百か日籠もって一心に救済を願った。妻恵信尼《えしんに》の書簡を集めた『恵信尼消息』によれば、九十五日目に聖徳太子が夢に現れて親鸞に語りかけるということがあった(2)。意を決した親鸞は京都東山の吉水《よしみず》の草庵にいた法然を訪ねた。そしてさらに百か日法然のもとに通った。『恵信尼消息』には、「後世《ごせ》のことは、よき人にもあしきにも、おなじやうに生死出づべき道をば、ただ一すぢに仰せられ候ひしを、うけたまはりさだめて候ひし」（『聖典』八一一頁）とある。親鸞は、善人であれ、悪人であれ、生死、言いかえればこの迷いの世界から逃れるためには、ひとすじに阿弥陀仏の本願にすがり、ただ念仏を称えるほかはないという法然の言葉を聞き、これこそ正しい教えであると堅く信じたというのである。

法然の教えは、『歎異抄』の表現で言えば、「ただ念仏して弥陀にたすけまゐらすべし」ということになるが、その言葉を聞いて、親鸞の信心が定まったのである。そのことを親鸞は『教行信証』「化身土巻」の最後のところで、「しかるに愚禿釈の鸞〔親鸞〕、建仁《けんにん》辛酉《かのとのとり》の暦《れき》、雑行《ぞうぎょう》を棄てて本願に帰す」と記している。自らの力でさとりへといたるためのさまざまな修行や観想をすべて捨てて、あらゆる人を救おうとする阿弥陀仏の本願にすべてを委ねる決断をしたというのである。大きな転換、回心であったと言ってよい。

親鸞の法然に対する信頼

親鸞が全幅の信頼をもって法然に師事したことは、『歎異抄』（二）の次の言葉からもよく見てとることができる。「親鸞におきては、ただ念仏して弥陀にたすけられまゐらすべしと、よきひと（法然）の仰せをかぶりて（受けて）信ずるほかに別の子細なきなり」（『聖典』八三二頁）。念仏以外に往生できる道があると考える人がいるかもしれないが、親鸞の場合には、ただただ「よきひと」の教えを信じるだけで、それ以外には何の特別な事情もないというのである。この言葉に付け加えて親鸞は次のようにも述べている。「念仏は、まことに浄土に生るるたねにてやはんべらん、また地獄におつべき業にてやはんべるらん。総じてもつて（まったく）存知せざるなり。たとひ法然聖人にすかされまゐらせて、念仏して地獄におちたりとも、さらに後悔すべからず候ふ」。このように、法然にだまされて地獄に落ちても何の後悔もないとまで述べている。その強い確信を次のように根拠づけている。もし念仏以外の行によって仏になりうる力をもっているのであれば別であろうが、親鸞の場合には、いずれの行もなしがたい。したがって「ただ念仏して弥陀にたすけまゐらすべし」という法然の言葉に仮にいつわりがあったとしても、何の後悔もないというのである。しかし、阿弥陀仏の本願がまことであるとすれば、法然の教えにいつわりがあるはずがない、というのが親鸞の確信であった。

このように親鸞は、念仏して阿弥陀仏の慈悲にすがるのが唯一の道であるという法然の教えを忠実に受けつごうとした。その思いはその主著『教行信証』を貫いている。親鸞はその冒頭に置かれた「総序」において、「穢《え》を捨て浄を欣《ねが》ひ、行に迷ひ信に惑《まど》ひ、心昏《くら》く識《さとり》寡《すくな》く、悪重く障《さわり》多きもの、ことに如来（釈尊）の発遣《はっけん》を仰ぎ、かならず最勝の直道《じきどう》に帰して、もっぱらこの行に奉《つか》へ、ただこの信を崇《あが》めよ」と記している。人々は汚れたこの世を厭い、浄土を願うが、しかし多くの煩悩のために、行に迷い、信に惑う。多くの悪業、多くの罪障をかかえる。自力を恃《たの》み、その限界に直面して、信心のゆらぎを経験するし、多くの罪悪を重ねる。そうであるからこそ、釈尊の、この世から「行け」という教えを敬慕し、そのすぐれたまっすぐな道にすがって、その行（称名）と信心とを大切にし、拠りどころにせよ、というのである。

そして「摂取不捨《せっしゅふしゃ》の真言、超世希有《ちょうせけう》の正法、聞思《もんし》して遅慮《ちりょ》することなかれ」と語りかけている。衆生をすべて光明のなかにおさめ、救いとって、決して捨てないという阿弥陀仏の真実の言葉、世間一般の理解の及ばない希有の教えに触れて、ぐずぐずとためらってはならない、救いの機会を逃してはならない。このように親鸞は、人々に「最勝の直道」を歩むことを強く勧めた。法然や親鸞がこのように生死を離れることを願う人々に、念仏の道をためらいなくあゆむことを勧めたのは、末法の時代に、つまり五濁悪世に生きていることを強く意識していたからにほかならない。

『教行信証』を閉じるにあたって親鸞はその「後序」において、法然の『選択本願念仏集』について、仏教の真の教えの要点を説き、念仏の奥義を記したものとして「無上甚深《じんじん》の宝典《ほうでん》」であると高く評価したあと、次のように付け加えている。「慶《よろこ》ばしいかな、心《こころ》を弘誓《ぐぜい》の仏地《ぶつぢ》に樹《た》て、念《おもい》を難思《なんじ》の法海に流す。深く如来の矜哀《こうあい》を知りて、まことに師教の恩厚《おんこう》を仰ぐ」（『聖典』四七三頁）。一切衆生を救おうと阿弥陀仏が誓いを立てられたその大地に信心を確立し、簡単には理解できない深い教えの大海に思いを流すことができるのは、何と慶ばしいことであろうか。阿弥陀仏のあわれみの心を深く知り、心から師の教えの厚いご恩を仰ぐ、これが『教行信証』を書き終えた親鸞の心からの思いであったのであろう。

法然と親鸞の違い

法然も親鸞も、救いの可能性がない末法の世において、いかに人々に救いの道を指し示すことができるか、ということを真剣に模索した。その問題の深刻さは、末世という時代意識をもたない現代のわれわれ――別の意味では、末世と言うことができるかもしれないが――には理解できないように思われる。しかし、彼らにとっては、五濁悪世のなかでいかにして人々に救済の道を示しうるか、が文字通り焦眉の課題として意識されていた。その点で、両者の思いにはまったく変わりがなかった。これまで救いの対象から除かれていた、悪を犯さざるをえない人をも含めた、すべての人を救いへと導きうる道を見いだしえたという法然の確信を親鸞はそのまま受け継ごうとした。その道をまっすぐに歩もうと決意したのである。そのとき、新しい仏教が成立したと言ってもよいであろう。

しかし、両者の理解には違いもある。(3) 親鸞の目は、法然以上に、貧しい人、殺生を生業とせざるをえない人々、従来はいかにしても救われないと考えられていた人々に注がれていた。そのことを『選択本願念仏集』と『教行信証』のある箇所を手がかりに示してみたい。

法然は『選択本願念仏集』のなかで、「なぜ念仏が唯一の道なのか」という問題をめぐって一つの問いを立てている。「問ひていはく、あまねく諸願に約して粗悪を選捨し善妙を選取すること、その理しかるべし。なんがゆゑぞ、第十八の願に、一切の諸行を選捨して、ただひとへに念仏一行を選取して往生の本願となしたまふや」(『七祖篇』一二〇七頁)。四十八の願において、粗悪なものを選び捨て、もっともよく、すぐれたものを選びとられたというのはよく理解できるが、第十八の願において一切の行為を選び捨てて、ただひとえに念仏という行為だけを選びとって、往生の本願としたのはなぜであろうか(言うまでもなく、「選択本願念仏」というのはこのことを指す）ということをここで問うている。

「なぜ念仏が唯一の道か」という問いに対する法然の答え

法然は、この問題について、まず「聖意測《しょういはか》りがたし」と言う。なぜそうなのかは衆生の理解を超えており、その問いに答えることは簡単にはできない。そのように述べつつ、法然はこの問いに正面から取り組み、納得しうる答えを論理的に見いだしていこうと試みている。

なぜ念仏一行が往生の本願とされたのかという問いに対して、法然はまず、とても人間の理解の及ぶところではないが、あえてその理由を考えれば、一つには「勝劣の義」、二つには「難易の義」が考えられるとしている。

具体的に言うと、「勝劣の義」というのは、阿弥陀仏のさとりの功徳はすべて阿弥陀仏の御名《みな》のなかに収められている、つまり、阿弥陀仏の御名の功徳がもっともすぐれている。ほかの行は、一隅を守るだけで、阿弥陀仏の御名の功徳に比べて劣っているということを指す。「難易の義」というのは、念仏は容易であり、どんな人にもできるが、それに対して他の行は実践するのがむつかしい、それぞれの人がもつ力を考えれば、それを実現することは簡単ではないということを指す。もし仏像や寺院の寄進が、あるいは経典に関する知識が往生の条件であれば、貧しくて、そのような力も機会ももたない者は、永遠にその望みを絶たれることになる。

そのように述べたあと、法然は「一切衆生をして平等に往生せしめんがために、難を捨て、易を取りて、本願となしたまへるか」（『七祖篇』一二〇九頁）と記している。法然の目は、造像起塔ができる裕福な人にではなく、それができない貧しい人々（「貧窮《びんぐ》困乏の類」）に向けられていた。それは親鸞も同様であった。法然の貧しい人々に対する目は親鸞にもそのまま受け継がれたと言うことができる。

しかし、「なぜ念仏が唯一の道なのか」という問いに対してどのように向きあい、それにどのように答えるかという点で、両者の態度は同じではなかった。法然はあくまで理の立場に立って、もしその理由を考えるとすれば、勝劣という基準と難易という基準しか考えることができないという答えを出している。そしてその答えはきわめて説得力をもっている。

法然は、その目をつねに貧窮困乏する人々に向けていたことからもわかるように、すぐれた宗教者であった。しかしそれだけでなく、比叡山で「知恵第一の法然房」の名で呼ばれていたことからも想像されるように、きわめて聡明な学者でもあった。『選択本願念仏集』におけるさまざまな問いの立て方や、答えの出し方にそれを見てとることができる。

親鸞の場合

この『選択本願念仏集』におけるきわめて論理的な論述と比較したとき、『教行信証』における論の展開はそれは大きく違っている。『教行信証』のなかで親鸞は、いま見た議論と似た議論をしている。いわゆる「三心一心」の問題を論じた箇所である。

第十八願で言われる「至心・信楽《しんぎょう》・欲生《よくしょう》」の三つは、本願の三心と呼ばれる。この、心から信じて如来の国に生まれたいという願いを、四世紀ないし五世紀に出たインドの僧世親《せしん》（バスバンドゥ Vasubandhu、天親とも呼ばれる）は『浄土論』（『無量寿経優《う》婆《ば》提舎願生偈《だいしゃがんしょうげ》』）の冒頭で次のように言い表している。「世尊、われ一心に尽十方無《じんじっぽうむ》碍《げ》光如来《こうにょらい》に帰命して、安楽国《あんらくこく》に生まれんと願ず」（『七祖篇』二九頁）。釈尊よ、私は心を一つにして、阿弥陀仏に帰依して、浄土に生まれることを願います、というのである。この書は阿弥陀仏の本願に身を委ねることこそが、浄土往生の道であることを明確に示したものとして、後の浄土教思想に大きな影響を与えた。

親鸞は『教行信証』の「信巻」において、すでに第十八願のなかで「至心・信楽・欲生」の三心が言われているにもかかわらず、なぜ世親は『浄土論』のなかで「一心」ということを言ったのかという問いを立てている。この問いに対して親鸞は、往生の真の原因となるのは結局のところ「信心」であり、「愚鈍の衆生」が理解しやすいように世親は三心を一心にまとめたのだという答えを出している。そのように述べたあと、親鸞はさらに、世親の意図はもっともであるが、しかし阿弥陀如来は「愚悪の衆生」のためにすでに三心の願を発している、この点をいかに理解すべきであろうかという問いを発している。

この問いに対して、親鸞はまず「仏意測りがたし」と答えている。仏の意志を正確に知ることはできないが、それをあえて推察すればという前提のもとに、「一切の群生海《ぐんじょうかい》、（４）無始よりこのかた乃至《ないし》今日今時に至るまで、穢悪汚染《えあくわぜん》にして清浄《しょうじょう》の心《しん》なし、虚仮諂偽《こけてんぎ》にして真実の心なし」（『聖典』二三一頁）という自分の理解を示している。衆生はすべて煩悩にまみれ、悪に染まって清浄な心をもっていない、うそいつわりやこびへつらいばかりでまことの心をもっていないというのである。

人間の具体的なありようを直視した親鸞

ここで親鸞は、阿弥陀如来はなぜ三心の願を発したのか、言いかえれば、なぜ衆生がひとすじに如来を信じ、往生を願い、念仏を称えることを願ったのかという問いに対して、法然のように、その論理的な根拠を示すのではなく、煩悩にまみれ、悪に染まって清浄な心をもっていないという衆生の現実の姿を示している。『歎異抄』の表現で言えば、「煩悩具足のわれらは、いづれの行にても生死をはなるることあるべからざる……」（『聖典』八三四頁）という、いかにしても救いようのない人間のありようをそのまままっすぐに見つめ、それをここに示している。

法然が論理によって念仏が唯一の道であることを示そうとしたとすれば、親鸞はこのような人間のあり方を直視し、そこから脱することのできない人間への深い共感から出発している。そのような意味で親鸞は情の人であったと言えるかもしれない。その著作を読むとき、法然はその論理によって人を納得させるが、親鸞はその経験の深みから語る言葉によって読むものを惹きつける。

先の引用に続いて親鸞は、「ここをもつて如来、一切苦悩の衆生海を悲憫《ひびん》して、不可思議兆載《ちょうさい》永劫《ようごう》〔はかりしることができないほど無限に長い時間〕において、菩薩の行を行じたまひしとき、三業《さんごう》の所修《しょしゅ》〔身・口・意に関わるさまざまな修行の実践〕一念一刹那も清浄ならざることなし、真心《しんしん》ならざることなし。……如来の至心をもつて、諸有《しょう》〔あらゆるもの〕の一切煩悩悪業邪智《あくごうじゃち》の群生海に回施したまへり」（『聖典』二三一頁）とも述べている。いかにしても救われようのない人間のありさまを悲しみ、憐れんだことが言われている。そしてそのゆえに菩薩として無限に長いあいだ行を行じ、その功徳を煩悩を免れることのできない衆生へとふりむけたというのである。それが具体的な形をとったものが第十八願の成就ということになる。

このようにいくつかの回り道をして、親鸞は「なぜ念仏が唯一の道なのか」という問いに対する自らの考えを示している。親鸞にとっては、まず煩悩にまみれて清浄の心をもたない衆生のあり方こそが、したがってまた、いかにしても救いようのない凡夫の実際に置かれた状況こそが問題であったと言うことができる。それが宗教者としての親鸞の出発点であったと言ってもよいであろう。そこをこそ見つめていた点にわれわれは親鸞の「人間」を見てとることができるように思う。

群萌の救済

法然ももちろん、先ほども述べたように、迷いの世界を自ら脱する力をもたない人々に、より具体的に言えば、裕福な人よりも「貧窮困乏の類」に、知恵・才能のある人よりも「愚鈍下智のもの」（愚かで智慧の劣ったもの）に、仏の教えに多く触れ学問のある人よりも「少聞少見の輩《ともがら》」に、戒律を堅く守れる人よりも「破戒無戒の人」に目を向けていた（『七祖篇』一二〇九頁）。

そういう人であったからこそ、親鸞はどこまでも法然に付き従おうとしたのである。その考えを受け継ぎつつ、しかしさらにいっそう強く、貧しく愚かな者、罪を犯さざるをえない者に目を向け、そこから出発しようとしたと言うことができる。

『教行信証』の「総序」で親鸞は釈迦の衆生救済について、「これすなはち権化《ごんけ》の仁《にん》斉《ひと》しく苦悩の群萌を救済《くさい》し、世雄《せおう》の悲まさしく逆謗闡提《ぎゃくほうせんだい》を恵まんと欲《おぼ》す」（『聖典』一三一頁）という言葉で表現している。仏はいろいろな仮の姿をとりながら、そのいつくしみによって、群がりながら芽を出す雑草のような衆生、しかも愚かさや悪に悩む衆生を、すべて等しく救おうとする。世のすぐれた存在である仏は、そのあわれみによって、五逆の悪を犯す者や仏法を謗る者、仏になる可能性をもたない者に恵みをもたらそうとするというのである。

われわれはこの文章を、親鸞自身が何をめざそうとしているのかを宣言した文章として読むことができる。汚れや悪に染まって、そこから抜けでることのできないすべての人を救うことが親鸞のめざしたものであったことが、ここからはっきりと読みとることができる。

仏の慈悲は下類にも及ぶ

親鸞が法然を通して確信したのは、仏の慈悲は、汚れや悪に染まり、そこから抜けでることのできない衆生すべてに及ぶということであった。それを親鸞は自己の信仰の核に据えたと言ってよい。

法然門下の聖覚《せいかく》法印の著した『唯信鈔《ゆいしんしょう》』に親鸞が注釈を施した『唯信鈔文意《もんい》』のなかでは、「凡愚・屠沽《とこ》の下類《げるい》」という言葉が使われている。屠とは生き物を殺し、屠《ほふ》ることであり、沽とは、酒あるいは一般に物品を商うことである。そうしたことを生業とする人が、不殺生や不両舌（二枚舌を使ってはならない）という戒めとの関わりで下類と呼ばれることがあった。しかし親鸞はそこで、彼らもまた、阿弥陀仏の本願により、煩悩を具足しながら、つまり身を煩わし、心を悩ませながら、涅槃にいたりうることを述べている。

また「れふし〔猟師〕・あき人《びと》〔商人〕、さまざまのものは、みな、いし〔石〕・かはら〔瓦〕・

つぶて〔礫〕のごとくなるわれらなり」（『聖典』七〇八頁）とも記している。殺生をしないわけにはいかない人々、戒律を守って生きることのできない貧しい人々が、とるにたりない石や瓦のように言われるが、それは彼らに限らない。「われら」が皆、石や瓦であり、その「われら」すべてに仏の慈悲が及ぶことを親鸞は説いた。この教えは民衆に大きな希望の灯を示すものであったと言えるであろう。

このような考え方のなかに、つまり、これまで下類と呼ばれてきた人々と同じようにわれわれすべてが迷いの世界を逃れる手立てをもたない石や瓦のごとき存在であると考えたところに、そしてそこから出発しようとしたところに、親鸞の信仰の大きな特質と意義をわれわれは見てとることができる。そしてそれは同時に、親鸞がどのような人間であったかをもはっきりと示している。そこに親鸞という人間の大きな魅力を感じるのは、おそらく私ひとりではないであろう。

（1）はたして慈円が親鸞の出家得度の師であったのかという問題、さらに比叡山における両者の関わりに関しては、草野顕之『親鸞の伝記――『御伝鈔』の世界』（小川一乗監修『シリーズ 親鸞』第六巻、筑摩書房、二〇一〇年）四六頁以下参照。

（2）この夢告をめぐってはさまざまな議論があるが、それに関しては末木文美士『親鸞――主上臣下、法に背く』（ミネルヴァ書房、二〇一六年）五九頁以下を参照されたい。
（3）この点に関しては大峯顕『親鸞のコスモロジー』（法藏館、一九九〇年）八頁以下を参照。
（4）「群生海」とは、無数の衆生のかぎりなさを海に喩えたもの。本書エピローグを参照。

3 「悪」の自覚

悪人こそ往生という果《か》を得る正しい因《たね》

親鸞は、称名念仏こそ生死を離れる唯一の道であることを確信し、人々にためらうことなくこの「最勝の直道」を歩むことを勧めた。それが救いであることは、信に惑い、悪業を重ねるいわゆる「凡夫」にとっても変わりがない。われわれの心はむさぼりや怒り、愚かさなどで充ち満ちている。煩悩に狂わされて、言うべきでないことを言い、なすべきでないことを行ってしまう。そのくり返しである。そのような性をもった人間のありようを親鸞は『歎異抄』(三)において、「煩悩具足のわれらは、いづれの行にても生死をはなるることあるべからざる……」と言い表している。しかし他方で親鸞は、その凡夫を「あはれみたまひて願をおこしたまふ本意、悪人成仏のためなれば、他力をたのみたてまつる悪人、もつとも往生の正因なり」(『聖典』八三四頁)とも述べている。「悪人」とは深い罪悪を身に背負い、仏になる能力も素質ももたない者のことであるが、自らさとりへといたることのできないこの「悪人」をこそ救おうと阿弥陀仏は願を起こしたというのである。仏になる能力も素質ももたないことを自覚し、阿弥陀仏にすべてを委ねることこそ、往生のための正しい因になる、つまり悪人こそ救いの対象であることを親鸞は強調するのである。

これは、言うまでもなく、「悪人正機」と呼ばれる考え方である。よく知られているように、『歎異抄』の同じ箇所に、「善人なほもつて往生をとぐ、いはんや悪人をや」（『聖典』八三三頁）という言葉が出てくる。(1) 善人でさえ往生を遂げることができる。まして悪人であれば、言うまでもないことである、というのである。

善人と悪人

この文章を理解するにあたって、まず注意しなければならないのは、個人が社会のなかでその一員として守るべき規範という意味での道徳の枠組みのなかで、善と悪、ないし善人と悪人ということが言われているのではないという点である。

そのような意味での「悪」を親鸞が決して容認していたわけではないこと、むしろそれをきびしく批判していたことは、たとえばその消息第三七通（『末灯鈔』第一六通）のなかの「不可思議の放逸無慚《ほういつむざん》のものどものなかに、悪はおもふさまにふるまふべしと仰せられ候ふなるこそ、かへすがへすあるべくも候はず」（『聖典』八〇〇頁）といった言葉からも知られる。考えられないほど放縦でまったく恥を知らない者たちに対して、悪事に関しては思うままにふるまえばよいと言っておられるようであるが、そのようなことこそまったくあってはならないことである、ときわめて厳しい言葉を親鸞はここで記している。

「善人」というのは、いまの『歎異抄』の文章のなかで、「自力作善《さぜん》のひと」と言いかえられている。『一念多念文意』と題した文章のなかで親鸞はそれについて次のような説明を加えている。「自力といふは、わが身をたのみ、わがこころをたのむ、わが力をはげみ、わがさまざまの善根をたのむひとなり」（『聖典』六八八頁）。他方、「悪人」は、わき起こる煩悩のためにいかにしても迷いの世界を脱することができず、ただ如来の慈悲だけを頼りにする人を指す言葉として使われている。そうした人をこそ救おうとして如来は願を立てたのであり、彼らこそが救われるべき資格を有した人々なのだ、ということがここで強調されている。

したがって善か悪かは、自分自身の力や行いに自信をもち、それに依拠して往生しようと考えるか否か、自分にはそのような力や意志がないことを深く自覚し、すべてを大きな力をもった存在に委ねるか否か、このような宗教的な次元で言われているのである。

本願ぼこり

親鸞は六十歳を過ぎた頃に、関東滞在を締めくくり、京都に戻ったと言われているが[2]、その後、関東の門徒のあいだで、あるべき信仰をめぐってしばしば議論が起こり、親鸞に意見を求めることがあった。この書簡からもそれがわかる。いわゆる「本願ぼこり」をめぐる議論もそうした問題のうちの一つであった。「本願ぼこり」とは、『歎異抄』(一三)でも言われているように、煩悩にまみれて清浄の心をもたない衆生をこそ救おうという阿弥陀仏の本願に甘え、思い上がって、わざと悪事(人のものを盗んだり、人を傷つけたりという倫理的な意味での悪事)を行い、阿弥陀仏に救ってもらおうと考えることを指す。そのような考え方を親鸞は、消息第三七通の先に引用した言葉や、「ふるまひはなにともこころにまかせよといひつると候ふらん、あさましきことに候ふ」(『聖典』八〇一頁)といった言葉からも知られるように、念仏者のとるべき態度ではないとして強く非難した。

しかし同時に、親鸞は、そのような悪事を行ったからといってそれによって往生の道が閉ざされたわけではないとも述べている。というのも親鸞の理解では、そうした悪事は、過去の無数の行為や出来事の結果として生まれてきているのであり、無限の因縁がその背後にある。そうしたものの積み重ねでよい行いをしたり、悪い行いをしたりする。仮に大きな罪を犯した人がいるとしても、その人にはそのような悪事をなさざるをえない因縁があったのである。人間が、そのようなさまざまな因縁を抱えた存在であることを深く自覚し、すべてを如来に委ねることによって救いの可能性が開かれてくるというのが親鸞の考えであった。この点は、親鸞の考え方を理解するうえで非常に重要な点だと言うことができる。

「いし・かはら・つぶてのごとくなるわれら」

悪人こそがまず救われるべき正しい因《たね》をもつというのが親鸞の考えであったと言うことができる。そのことを言うために親鸞は、「善人なほもつて往生をとぐ」ということを根拠にしている。しかし、はたして善人、すなわち困難な修行をする人、あるいはそれができると信じている人は救われるのであろうか。それについては何も言われていないが、この表現は単なるレトリックとして解釈すべきであるかもしれない。われらすべてが煩悩で凝り固まった存在なのであり、そこから抜けでる力を自分自身のうちにもたないからである。われわれの身には無知や煩悩が充ち満ちており、そのために「みな、いし・かはら・つぶてのごとくなるわれらなり」と言われるのである。

親鸞は悪を、そのように人間の存在そのもののなかに深く錨をおろしたもの、したがってたまわれわれのなかに入り込んだり、抜けでていったりするものではなく、心の奥深くに沈み込んだものとして理解していたように思われる。(3) 消息第六通(『末灯鈔』第一六通)のなかの「わが身のわるければ、いかでか如来迎へたまはんとおもふべからず、凡夫はもとより煩悩具足したるゆゑに、わるきものとおもふべし」(『聖典』七四七頁)という言葉がそのことをよく示している。

自分はこんなに悪いのだから、どうして如来が私のようなものを浄土へ迎えてくれるであろうかと思ってはならない、凡夫は本来、煩悩を具えたものであり、それゆえ悪い存在なのだと思わなければならないというのである。しかし、まさにその本質において悪い存在であるがゆえに、如来の救いの手がさしのべられるのである。

このことに気づかない人と、そのことに気づいて自分のあり方を根本的に変革する人とがいるのである。それが善人であり、悪人であると言うことができるであろう。

このようにして親鸞は、末法ということを強く意識しながら、その運命を正面から受けとめ、そのなかで新しい時代に呼応する、新しい宗教的精神というものを生みだしていった。それは末世に生きる人々に、とくにそれまで救われるべき資格を有しないと言われていた人々に大きな希望の灯をともすものであったと言える。そのような新しい道を切り開こうとした点に、われわれは親鸞の信仰の大きな意義を見いだすことができる。

親鸞の「悪」の自覚——煩悩具足の凡夫としての親鸞

いま、「みな、いし・かはら・つぶてのごとくなるわれらなり」という言葉を引用したが、その「われら」のなかにはまちがいなく親鸞もいた。殺生をしないわけにはいかない人、戒律を守って生きることのできない貧しい人だけが石であり、瓦であるのではない。親鸞自身も含め、すべての人にいつわりの心がある。清浄の心も、真実の心もない。親鸞はそうした人間のあり方を正面から見据えていた人であったと言うことができる。人々に教えを説いた親鸞自身も「凡愚」の一人であったのである。『一念多念証文』では、善導の『法事讃』に見える「弥陀の弘誓《ぐぜい》（一切の衆生を救おうという広大な誓い）重きがために、凡夫をして念ずればすなはち生ぜしむることを致す」（『七祖篇』五七五―五七六頁）という言葉を解釈した箇所で、「「凡夫」はすなはちわれらなり」と述べている。親鸞自身、その「われら」の一人であった。そのような深い自覚から出発していたところに、「人間」親鸞を見ることができるように思う。

　その自覚がよく表れた言葉として、「悲しきかな愚禿鸞《ぐとくらん》」というものがある。『教行信証』の「信巻」のなかで親鸞は自らの信仰を見つめ、次のように記している（この部分は八十歳前後に書かれたと言われている）。「まことに知んぬ、悲しきかな愚禿鸞、愛欲の広海に沈没《ちんもつ》し、名利《みょうり》の太山《たいせん》に迷惑して、定聚《じょうじゅ》の数に入ることを喜ばず、真証《しんしょう》の証《さとり》に近づくことを快《たの》しまざることを、恥づべし傷《いた》むべしと」（『聖典』二六六頁）。まことに悲しいことであるが、私（愚禿鸞）は、愛欲の広い海に沈みこみ、名利（名声や利益）の大きな山に迷いこんで、正定聚《しょうじょうじゅ》（仏となることが定まった人々）と言われる真実の信を得た人々のなかに入ることを喜ばないし、浄土真実の教えによって得られるさとりに近づくことをも楽しまない。これは恥ずかしいことであり、心の痛むことである、という意味である。

底知れぬ深みから沸きあがってくる煩悩の根絶のしがたさ、それに圧倒されて身動きできなくなってしまう自己の根源的な弱さ、そういうものを深く深く自覚せざるをえなかった結果、記された言葉であったと考えられる。

恵信尼の「うけたまはりさだめて候ひし」という言葉がしめすように、法然のもとに行き、その教えを受けて、信心の定まった親鸞であったが、その経験は親鸞のなかでくり返し掘り下げられていかなければならなかった。くり返し、自己の罪業の深さを自覚せざるをえなかったからである。しかし、そのことによって親鸞の信仰もまた、他の宗教者には見られない独特の深みを加えていったということも言える。

名利の太山

親鸞が法然のもとにいたとき、専修《せんじゅ》念仏を唱える法然らと既存の宗派とのあいだに軋轢があり、それも一因となって、後鳥羽上皇の時代に、法然らは念仏停止を命じられた（承元《じょうげん》の法難と呼ばれる）。法然は僧籍を奪われて四国に、親鸞は越後に配流された。親鸞は五年後に流罪を赦免されたが、帰洛するのではなく、関東に居を移し、布教に携わった。そして先に記したように、六十歳を過ぎてから京都に戻った。

「名利の太山に迷惑して」というのは、僧籍ももたず、執筆時には老齢に達していた親鸞にはあまり似つかわしくないようにも思われる。親鸞はなぜそのように記したのであろうか。『正像末和讃』に付されたいわゆる「慚愧《ざんぎ》和讃」の次の言葉が、それを理解する手がかりを与えてくれるように思われる。「よしあしの文字をもしらぬひとはみな／まことのこころなりけるを／善悪の字しりがおは／おおそらごとのかたちなり」。善し悪しという文字を知らず、それで物事を判断しない人は、すべて、真実の心をもっている。それに対して、善悪が何かを知ったかのように思い、それで物事を切り分け、それについてあれこれ語るというのは、かえって大嘘のすがたである、という意味であろうか。

親鸞はさまざまな文献を渉猟し、真の信仰とは何か、救済はいかにして可能になるかを考えぬき、追究して、それを著作に著してきた。おそらくそれによって自らが博識になったかのような思いが、あるいは人よりも高い位置に立ったかのような思いが生じたのかもしれない。書簡に「かまへて学生沙汰〔学者ぶった議論〕せさせたまひ候はで、往生をとげさせたまひ候ふべし」、「故法然聖人は、「浄土宗の人は愚者になりて往生す」と候ひし」（『聖典』七七一頁）という言葉がある。親鸞は『教行信証』などの書物を著す過程で、それを誇る気持ち、自らを誇る気持ちがしらずしらずに生まれていたことに気づいたのではないだろうか。

「慚愧和讃」にはまた、「名利に人師《にんし》をこのむなり」、つまり名利心にとらわれ、人に教えを説く師となることを好む、という言葉がある。多くの門人から師としてあおがれる存在となったときにわき上がってきたおごりやたかぶりもまた、名利にとらわれた心の一つのあり方を示していると言ってよいであろう。門弟たちとの関わりのなかで自己を恃む心が生じていたことに気づき、親鸞は愕然としたのではないだろうか。

「愚者になりて往生す」

そのようなおごりやたかぶりを感じたときに、「愚者になりて往生す」という師法然の言葉が親鸞の心のなかに甦ったのではないだろうか。この言葉は法然が死を前にして、弟子の求めに応じて記したとされる『一枚起請文《きしょうもん》』のなかに記された文章に通じる。そこで法然は、自らが言う念仏が、「もろもろの智者達の沙汰しまうさるる観念の念」、つまり観想の念仏でもなく、「学文《がくもん》をして念の心を悟りて申す念仏」、学問によって念仏の功徳や意味を理解したうえでする念仏でもなく、「ただ往生極楽のためには南無阿弥陀仏と申して、疑なく往生するぞと思ひとりて申す」念仏であることを述べている。そしてそのあと、「念仏を信ぜん人は、たとひ一代の法〔ブッダがその生涯において説き明かした教え〕をよくよく学すとも、一文《いちもん》不知〔一つの文字さえ知らない〕の愚鈍の身になして、尼入道〔在俗のまま仏門に入った女性や男性〕の無智のともがらにおなじくして、智者のふるまひをせずして、ただ一向《いっこう》に〔ひたすらに〕念仏すべし」（『聖典』一四二九頁）と記している。法然がすべての人に勧めてきた念仏は、一つの文字さえ知らない無学の、そして愚鈍の身になりきって行う念仏であることをここではっきりと説いている。

「愚者になりて往生す」というのは、文字通り、法然の信仰の核心を言い表す言葉であったと言うことができる。親鸞はそれに深く共鳴し、くり返し自戒の言葉としたのだと考えられる。

信仰のゆらぎ

このように親鸞においてくり返しその「悪」が自覚されていたこと、敢えて言えば、その信仰にゆらぎがあったことを指摘すると、次のような反論がなされるかもしれない。

たとえば『教行信証』の「信巻」では、真実の信仰をもつことは容易ではないが、しかし、「たまたま浄信を獲ば、この心顚倒《しんてんとう》せず、この心虚偽《こぎ》ならず。ここをもつて極悪深重《じんじゅう》の衆生、大《だい》慶喜心《きょうきしん》を得、もろもろの聖尊《しょうそん》の重愛《じゅうあい》を獲るなり」（『聖典』二一一―二一二頁）と言われている。極悪の衆生であっても、いったん確かな信心を得れば、それがゆらぐことはなく、大きな喜びを得ることができるというのである。また、『歎異抄』では回心《えしん》が一回かぎりであることが言われている。「一向専修《いっこうせんじゅ》のひとにおいては、回心といふこと、ただひとたびあるべし」（『聖典』八四八頁）。自力の信念を翻して「本願をたのみまゐらする」こと、すべてを如来の本願に委ねることが回心である。その一回かぎりの回心において、ゆらぐことのない固い信心、つまり「金剛堅固の信心」が生まれると言われている。

確かにそうだと言うことができるであろう。しかし、そこにゆらぎがないわけではない。回心は決して不動のものではなく、自力へのゆり戻しなど、さまざまなことがそこで経験されるのではないだろうか。その経験を通してこの一回かぎりの回心がくり返し掘りさげられていくのである。親鸞は自己の信仰が経験したゆらぎをどこまでも正直に、まっすぐに見つめた人であった。それは彼の信仰に暗い翳のようなものを投げかけているが、しかしそれが同時にその確かさや勁さをも生みだしているように思われる。そこにこそ彼の信仰の魅力があると言ってもよいであろう。

信仰の弛緩とその超克

『歎異抄』(九)には、次のような親鸞と唯円との興味深い対話が記録されている。「念仏申し候へども、踊躍歓喜《ゆやくかんぎ》のこころおろそかに候ふこと、またいそぎ浄土へまゐりたきこころの候はぬは、いかにと候ふべきことにて候ふやらんと、申しいれて候ひしかば、親鸞もこの不審ありつるに、唯円房おなじこころにてありけり」(『聖典』八三六頁)。念仏をしても、かつて感じた踊るような喜びがほとんど感じられなくなり、急いで浄土へ行きたいという気持ちがなくなったという唯円の訴えに、親鸞もまったく同様であったというのである。

先に、親鸞が吉水に法然を訪ね、その教えをしっかりと受けとめたこと、つまりそれを「うけたまはりさだめ」たことを述べたが、そのとき、まちがいなく親鸞のなかにはこの踊躍歓喜する心があったと考えられる。そして唯円もまた親鸞の教えに触れたときに同じ思いを抱いたにちがいない。しかしこの歓喜の感情は弛緩する。感情とはそもそも移ろうものだと言うことができるであろう。この感情の弛緩は信仰者にとって大きな試練となる。この試練はいかにして乗りこえられるのか、それは信仰にとってかぎりなく大きな問題であると言えよう。

この点に関して、京都大学の宗教学講座教授を務めた武内義範が『教行信証の哲学』（初版は一九四一年、新装版は二〇〇二年）のなかでたいへん興味深い理解を示している。「信仰は、最初からその本質においては、決断であった。歓喜は第二次的なものにすぎない。故に汝との直接的な合致のもたらす歓喜の感情の崩れるときにこそ、かえって信仰が感情を乗り超えて、純粋に自己の本質を自覚することができる。すなわちそこで宗教的決断が決断として自己を自覚する。決断が決断として自己を自覚するときは、決断が反復することにほかならない。反復されえない決断は、いまだ真実の決断ではない。念々不断の念仏の大行とは、この決断の反復の具体的なる姿である」[4]。

救いを見いだしたときに得た感情は、それがいかに大きく強いものであっても、信仰そのものではないというのである。決断こそが信仰だというのが武内の理解である。決断に伴って生まれた感情の高ぶりは弛緩する。それは誰においても起こりうる。それを乗りこえるのは、決断が、まさに自らが決断であることを自覚することによって、つまり決断がくり返されることによってであると武内は言う。そういう意味で、決断は本質的に「反復」でなければならない。決断が、自己が決断であることをくり返し自覚するとき、感情のゆれや弛緩を乗りこえて、信仰がいよいよ確かなものになっていくのである。

武内はそのことに言及していないが、ここではキェルケゴールの思想が踏まえられていると考えられる。キェルケゴールは『哲学的断片への結びとしての非学問的あとがき』などの著作のなかで、信仰を「実存」に関わる問題として論じた。「実存」とは、ただ「ある」、ただ「存在する」ということではなく、時間的なものと永遠なものという相対立する契機を自己の内に含みながら、その自己と向きあい、自己のあり方を不断に選びとっていくことを意味する。キェルケゴールによれば、そのことによってはじめてキリスト者はキリスト者でありうる。キリスト者であることは、キリスト教の内容が何であるかを問うことではない。いかなる仕方で生きるか、言いかえればそれをいかにしてわがものにするかにかかっている。その意味で信仰とはキェルケゴールにとって「決断」であった(5)。たとえば幼時に洗礼を受けることで人はキリスト者になるのではない。キリスト者であることは、受洗証明書のような一片の書類で証明されるのではない。そのつど自らの実存をかけて真理をわがものとすることによってキリスト者になることができるのである。したがってキリスト者となることは一回かぎりのことではない。くり返し決断することが求められる。その意味でキェルケゴールにとって信仰とはつねに反復されるものであった。

決断――仏教の文脈のなかで

「決断」ということを仏教の、あるいは親鸞の文脈で言えば、「わが国に生まれたいと思ってわが名を称えよ」という如来の呼び声を耳にして、その抜き差しならない――つまり答えても答えなくてもどちらでもよいといった種類の問いではなく、それから決して目をそらしたり、逃げたりすることのできない――問いに対して「はい」と答えるか「いいえ」と答えるか、そのような自己の生き方、自己の存在そのものに関わる態度決定のことだと言ってよいであろう。それは日常の生活のなかでなされる選択、たとえば映画に行くか、それとも家で読書して時間を過ごすかというような類いの行為選択とはまったく次元が違った選択である。それによって自分の生き方が決まるような、あるいは自己のあり方の根本的な変革につながるような決断である。武内が『浄土仏教の思想』第九巻『親鸞』に発表した「親鸞思想の根本問題」のなかで述べている表現で言えば、「二河白道《にがびゃくどう》の譬えが示すような、「かへらばまた死せん。とどまらばまた死せん。ゆかばまた死せん」というような人生の矛盾のただ中で、絶対矛盾の世間のまったく絶体絶命の場で、自分の全存在をあげて、親鸞の場合ならば法然の言葉に従うとか、法然の行くところならどこへでも行くというような、そういう選択と決定心《けつじょうしん》、このような出会いと決断」(6)である。

「二河白道の譬え」というのは、善導の『観経疏』「散善義《さんぜんぎ》」に見える譬えである。いかにして真の信仰を得ることができるかが次のような比喩を通して語られている。西へ向かう旅人が大河に行く手を阻まれる。しかし背後からは盗賊や獣が迫ってきて引き返せない。そのために進退きわまるが、激しく波立つ河（人間の執着や貪りの心を象徴する）と火でおおわれた河（怒りや憎しみを象徴する）の中間に細い道があることに気づく。そうすると背後からは釈尊の「なんじ、ただ決定《けつじょう》してこの道を尋ねて行け、かならず死の難なからん」と勧める声が、前方からは「なんぢ一心正念にしてただちに来《きた》れ。われよくなんぢを護らん」という阿弥陀如来の喚ぶ声が聞こえる。決意して歩を進めると、今度は背後から盗賊たちが、「なんぢ、回《かえ》り来れ。この道嶮悪《けんあく》にして過ぐることを得ず。かならず死すること疑はず。われらすべて悪心をもつてあひ向かふことなし」とやさしく誘惑する声が聞こえる（『七祖篇』四六七頁以下参照）。しかしためらうことなく一心にその細い道を進むと、すぐに西の岸にたどり着き、如来の国に生まれることができたという比喩である。

行くことも帰ることも、とどまることもできない。この絶体絶命の状況のなかで、安全な場所はどこにもない。選択の結果について何も見通すことができない。そのなかですべてを賭して選びとり、決断しなければならない。信仰とはこのような決断なのだというのが武内の理解である。(7)

いまの比喩で興味深いのは、決断して一歩、二歩と歩みだしたときに、そこでやさしい誘惑の声が聞こえるという点である。決断したあとにこそ、そのような誘惑が、そして心のゆらぎが生じるのである。だからこそ決断は反復を必要とするのである。

そういう点を踏まえて武内は「親鸞思想の根本問題」のなかで、『教行信証』の内容を簡略に説いたとされる『浄土文類聚鈔《もんるいじゅしょう》』のなかに見える「時節の延促《えんそく》」（『聖典』四八〇頁）、つまり時間の持続という言葉に注目している。決断の「いま」は、すなわち、釈尊の「行け」という言葉に「はい」と答える「いま」は、生涯を通じて、「いま」から「いま」へとつながっていくというのである。そのような反復ないし持続のなかで信心ははじめて成就するという考えがそこにはある(8)。

愚禿親鸞

先に記した唯円の告白からも、そしてそれに対する親鸞の言葉からも、仏教で言うさとりが、決して光へと一直線に向かうプロセスではないことが見てとれる。信仰にはゆらぎがある。あるいは、どこまでも深まっていく悪の自覚がある。この自己への反省は、「虚仮不実のわが身にて／清浄の心もさらになし」という絶望につながっている。そこには深い闇がある。親鸞はそのことをもっとも深く自覚した人であったと言うことができる。その自覚が自らを「愚禿」と名のらせたのではないだろうか。

禿《かぶろ》とは、正規の僧の剃髪した頭ではなく、また髷《まげ》でもなく、ざんばら髪のことを指す。先に触れたように、後鳥羽院の時代に親鸞は流罪の刑に処せられたが、その折のことを『歎異抄』は次のように記している。「親鸞、僧儀を改めて、俗名を賜ふ。よつて僧にあらず俗にあらず、しかるあひだ、禿《とく》の字をもつて姓《しょう》となして……」。この「非僧非俗」という自分の立場を親鸞は「禿」という言葉で表現し、それを自らの姓としたのである。

そして先に見た、深い煩悩の淵に沈み、名利心から離れられない自己、「愚禿悲歎述懐」の言葉を引けば、「悪性《あくしょう》さらにやめがたし／こゝろは蛇蝎《じゃかつ》（へびやさそり）のごとくなり」という、みせかけやうそ、いつわりで満たされた自己を「愚」と表現したのである。

「愚禿」をそのまま表題とした『愚禿鈔』という文章の冒頭には次の言葉が置かれている。「賢者の信は、内は賢にして外《ほか》は愚なり。愚禿が心は、内は愚にして外は賢なり」（『聖典』五〇一頁）。浄土教の教えを伝えた高僧たちは、外面はとくに他と変わるところはなかったが、その信心は堅く心は清浄であった。それに対して自分は、外に対しては信仰の篤い人間に見えるところがあるかもしれないが、内では愚かそのものである。親鸞の信仰はこの「愚」という自覚とともにあった。親鸞は単にへりくだって自らを「愚禿」と呼んだのではない。この言葉はどこまでも悪の自覚と絶望の深い闇のなかから出てきた言葉として理解されなければならない。

西田幾多郎と親鸞

親鸞の信仰や考え方は西田幾多郎や田辺元《はじめ》、三木清などの哲学者にも大きな影響を与えた。たとえば西田は第1章で触れた「場所的論理と宗教的世界観」のなかで親鸞の信仰について詳しく論じている。そのほかにも、京都大学に赴任した翌年（一九一一年）、親鸞の六百五十年忌を記念して大谷学士会から出版された『宗祖観』に「愚禿親鸞」と題したエッセーを発表している。そのなかで西田は、愚禿という表現のなかに、いま見たような、自己への反省の厳しいまなざしを見てとり、この愚禿の二字こそ、「上人《しょうにん》の為人《ひととなり》を表すと共に、真宗の教義を標榜し、兼て宗教その者の本質を示す」ものであると記している。

西田は『善の研究』の第四編「宗教」の冒頭で、宗教は、自己の変革を通して「永遠の真生命」を得ようとするところに生まれることを語っているが、「愚禿親鸞」においても、「一たび懸《けん》崖《がい》に手を撒《さっ》して絶後に蘇った者」のみが、「翻身一回、……新な生命に入ることができる」こと、まさにそこにこそ「宗教の真髄」があることを主張している。

断崖絶壁を必死で登ろうとするその手をあえて離して、死を覚悟する、そこから新しい道が開けるという、白隠《はくいん》禅師の弟子・古郡《ふるごおり》兼通《けんつう》の偈《げ》、つまり「万仭の崖頭から手を撒する時、……身は……再び蘇生し……」が踏まえられている。みせかけやうそ、いつわりで満たされた自らの心を見つめ、自力への執心を徹底して否定しようとした親鸞のなかに、西田はこの決死の翻りを見たのであろう。そして「愚禿」という言葉のなかに、この徹底した自己否定の表現を見てとったのである。

「愚禿の愚禿たる所以を味ひ得たもののみ」が人間の智や人間の徳を超えたものに触れうること、そして新たな生命を獲得しうることを述べたあと、西田は「他力といわず、自力といわず、一切の宗教はこの愚禿の二字を味うに外ならぬのである」と述べている。

この文章からわれわれは、西田がどういうところから親鸞の信仰を理解していたのかをよく見てとることができる。西田においては、宗教の問題が他力や自力という区別を超えたところで考えられ、理解されていた。それはたいへん重要な意味をもっていると言ってよいであろう。

自力の根絶しがたさ

信仰のゆらぎのなかには、自力へのゆり戻しもその一つとして挙げることができる。親鸞も自力の根絶しがたさを身にしみて感じていた一人であった。恵心尼の消息のなかに興味深い話が記されている。

親鸞は一二一一年（建暦元年）に流罪を許されたのち、しばらく越後にとどまったあと、関東に移り住んでその地の人々に念仏の教えを伝えた。常陸国《ひたちのくに》に向かう途上、上野《こうずけのくに》国の佐貫《さぬき》の地で、苦しむ人々を何とか救いたいと思い、浄土三部経、つまり『無量寿経』、『観無量寿経』、『阿弥陀経』を千回読もうとしたことがあったらしい。

　恵心尼の消息にはそれから十七、八年後の一二三一年（寛喜《かんぎ》三年）に風邪をこじらせて高熱を発した親鸞が『無量寿経』を絶えまなく読むという夢を見たことが記されている。さらに、目覚めてから佐貫でのことを恵心尼に語ったと記されている。当時、名号を称えることに何の不足があって三部経を読もうとしたのかと思い直して読むのをやめたが、そういう自力の心が十七、八年経ったいまも残っていたのかもしれないと親鸞は自ら分析している。「人の執心、自力のしん〔信〕は、よくよく思慮あるべし」（『聖典』八一六頁）、つまり自力への執心は表面上は消えても、心の底深くに残りつづけている、そしてそれがわれわれの意識に働きかけ、信仰を誤った方向に導くことがある、そのことをよくよく考え、反省しなければならないと思い直したあとは、経を読むということが止んでしまった、と恵心尼に語ったというのである。

　ちょうどその頃、つまり寛喜二年から三年にかけて、寛喜の大飢饉と呼ばれた鎌倉時代でもっとも規模の大きな飢饉が起こり、全国的に大きな被害に見舞われた。仁和三年から永正元年に至るまでのさまざまな出来事を記した『立川寺年代記《りゅうせんじねんだいき》』のなかでは、このとき「天下の人種《ひとだね》三分の一失す」と記録されている。数字に誇張があるかもしれないが、きわめて多くの人が飢えの極限で命を失っていったにちがいない。そのような惨状をまのあたりにし、何とかしたいという思いが、隠れていた自力の心を刺激したのではないかと推測される。佐貫での出来事についても「すざう〔衆生〕利益のためにとてよみはじめてありしを」と記されている。やはり人々が飢饉などで苦しむのを見てのことであったかもしれない。親鸞の関東での布教はこうした悲惨な状況のなかでのことであった。それは人々の生活だけでなく、信心を根底から揺さぶる力をもっていたと言うことができる。

おのれが善根

『教行信証』「化身土巻」にはまた、「おほよそ大小聖人《しょうにん》、一切善人、本願の嘉号《かごう》をもっておのれが善根とするがゆゑに、信を生ずることあたはず、仏智《ぶっち》を了《さと》らず」という言葉がある。大乗・小乗のすでにさとりをえた人たちも、またどの善人も、たいていの場合、阿弥陀仏の名前、その名号を称えることを、仏のはからいによるものではなく、自らの善い行為であると考えるために、真実の信心をもつことができず、仏の智恵を理解することができないということであるが、これは親鸞自身のことでもあったと言ってよいであろう。

純粋な他力に帰したにも拘わらず、その信仰の根底に残りつづける「自己」、自らのものではないものをも自らのものとする、その根絶しがたい力を親鸞もまたまのあたりにし、身にしみて感じなければならなかった。それを武内義範は一九七四年に著した『親鸞と現代』において、最後の最後においてもなお生まれてくる、本願に対する自我の絶望的な「反抗」であるとしている。

そして次にように述べている。「このような錯倒した関係は、全存在をあげて名号に遭遇し、名号に宗教的決断を通して、自己自身を委託し切った者にだけ経験される自己の存在の根底におけるゆさぶりである。いわば他力との遭遇の衝撃に起因した反動のようなものである(9)」。

先に触れた「愚禿悲歎述懐」のなかに記された述懐の根底にも、以上で見たような経験があったと考えられる。「はじめに」ですでに触れたが、そこで「浄土真宗に帰すれども／真実の心はありがたし／虚仮不実のわが身にて／清浄の心もさらになし」と言われている。最晩年においてもなお、自己の底に深い闇があることが痛切に自覚されていたことがわかる。齢を重ねた親鸞の痛烈な嘆きの言葉にわれわれは大きな衝撃を受ける。

『歎異抄』の「後序」には、「弥陀の五劫思惟《ごこうしゆい》の願をよくよく案ずれば、ひとへに親鸞一人《いちにん》がためなりけり」という親鸞の言葉が引かれている。阿弥陀仏が五劫という無限に長いあいだ思いを尽くしたのちに誓われた願は、自分一人のためであったというのである。これは、他者の救済の問題が親鸞のなかから消え去ったという意味ではもちろんない。この言葉は、煩悩に縛られて生死の世界を流転する衆生だけでなく、自分も――あるいはむしろ、自分こそ――むさぼりの心や愛憎に突き動かされ、自己を恃む心に縛られているという深い自覚と反省、懺悔の心から語られた言葉である。悪が深く自覚されればされるほど、阿弥陀仏の救いの声が自分自身のためのものであると意識されたのだと考えられる。「親鸞一人」という言葉は、この深い悪の自覚から切り離して理解することはできない。その自覚のなかで、親鸞は自分を救おうとする阿弥陀仏の声を聞いたのである。この自己を見る目の厳しさこそ、親鸞の信仰のもっとも大きな特徴の一つであると言うことができる。

（1）この「善人なほもつて往生をとぐ、いはんや悪人をや」という言葉はもともと法然のものであり、それを親鸞が唯円らを前に語ったという説もあるが、それについてはここでは立ち入らない。佐藤正英『歎異抄論註』（青土社、一九九二年）五六六頁以下、末木文美士『親鸞――主上臣下、法に背く』（ミネルヴァ書房、二〇一六年）二五〇頁以下などを参照。梶山雄一も『浄土の思想』のなかで興味深い説を立てている。『梶山雄一著作集』第六巻『浄土の思想』（吹田隆道編、春秋社、二〇一三年）三七二頁参照。

（2）親鸞がいつ、またどういう理由で京都に戻ったのかについては、諸説がある。この点に関しては草野顕之『親鸞の伝記――『御伝鈔』の世界』一七八頁以下参照。

（3）伊藤益『親鸞――悪の思想』（集英社新書、二〇〇一年）も親鸞の「悪」をこのような観点から理解している（同書九二頁以下参照）。

（4）武内義範『教行信証の哲学』（新装版、法藏館、二〇〇二年）一三四―一三五頁、『武内義範著作集』（法藏館、一九九九年）第一巻一〇六―一〇七頁。

（5）『原典訳記念版キェルケゴール著作全集』7『哲学的断片への結びの学問外れな後書（後半）』（大谷長

訳、創言社、一九八九年）四一四頁。

（6）『武内義範著作集』第一巻三六〇頁。

（7）この決断がなされるときは、われわれが日常経験している時間とは根本に異なった時間である。われわれはそれを宗教的時間という言葉で呼びたいと考えている。それについては本書第5章で改めて論じることにしたい。

（8）『武内義範著作集』第一巻三五九—三六〇頁参照。

（9）武内義範『親鸞と現代』（中公新書、一九七四年）一二三頁。『武内義範著作集』第二巻二一一頁。

4　救済のパラドクス

救われないからこそ救われるというパラドクス

「親鸞一人がため」という言葉は、また、まさにその深い絶望の闇のなかで親鸞が自分を救おうとするものの声を聞いたことを示している。そのような意味で救済とは一つのパラドクスであると言うことができるかもしれない。

先に親鸞が「三心一心」論との関わりで、いかにしても救われようのない人間のありさまを如来が悲しみ、あわれんだこと、そしてその故に菩薩として無限に長いあいだ行を積み、煩悩を免れることのできない衆生へとその功徳をふりむけたと論じていることを見た。衆生のなかにもともと至心や信楽などがあったから救いが可能になったのではない。むしろ、そういう救われるべき条件がなかったからこそ、如来は悲しみ、あわれんで救いの手をさしのべたのである。救われない存在だからこそ、そこに救いの可能性が生まれるというパラドクスを親鸞は語ろうとしたと言うことができる。

この救済のパラドクスは親鸞にとって自らの信仰に深く関わるものであった。「煩悩具足のわれらは、いづれの行にても生死をはなるることあるべからざるを、あはれみたまひて願をおこしたまふ本意……」（『聖典』八三四頁）、この逆説を、そしてその「ありがたさ」を誰よりも感じとっていたのは、親鸞自身であったと言えるであろう。

「弥陀の五劫思惟の願をよくよく案ずれば、ひとへに親鸞一人がためなりけり」という言葉に続いて親鸞は、「されば、それほどの業をもちける身にてありけるを、たすけんとおぼしめしたちける本願のかたじけなさよ」と語っている。親鸞はすべての罪業を自分一人に負わせている。しかし、その無限の罪業を背負った親鸞をあわれみ、助けようと思って願を立てた仏の慈悲の「かたじけなさ」が同時に意識されている。ここに親鸞の信仰の特徴がある。

パラドクスの論理

『正像末和讃』「愚禿悲歎述懐」の第四首では、「無慚無愧《むざんむぎ》のこの身にて／まことのこころはなけれども／弥陀の回向《えこう》の御名《みな》なれば／功徳《くどく》は十方にみちたまふ」（『聖典』六一七頁）と詠われている。南無阿弥陀仏という名号、その御名は、阿弥陀仏の本願力のはたらきがふりむけられたものであり、その光は世界のすみずみにまでさしこんでくる。それは、さまざまな悪を重ねながら、恥じることを忘れた自分、誠実で清らかな心をもたない自分にも降りそそぎ、そのことによって自分のなかに真実がないということが、いよいよ身にしみて感じられる。しかし、それだからこそ、自分にも降りそそぐ光の、そして阿弥陀仏の慈悲の心の「ありがたさ」が感じられる、そのことがここで詠われている。

罪業を背負い、徹底して懺悔せざるをえない自分であるにもかかわらず、その上にも光はみちてきて、そのはたらきによって包まれる。この転換を親鸞は経験したのである。悪を徹底して自覚することが、同時に救いの次元を切り開いたのである。そういう意味で救いとは大きな逆説である。救いに値しないからこそ、また救いを自ら手にする力をもたないからこそ、救いがさしのべられるのである。

親鸞においてはそこにゆるぎのない信心、信仰者としてのゆるぎのない生が確立した。その信仰を親鸞は『歎異抄』(六)のなかで「如来よりたまはりたる信心」と表現している。それは自己が自らの力で獲得した信心ではない。賜った信心である。降りそそいできた光によって照らされて成立した信心である。それは人間の心のなかに映った仏の心、人間の心のなかに入り込んできた仏の心と言ってもよいかもしれない(1)。

宗教の救済は論理で成り立っているのではない。原因と結果の必然的なつながりでそれを説明することはできない。しかし逆に、親鸞の救いについての理解のなかにはある独特の論理があると言えるかもしれない。合理的思考の論理ではなく、矛盾を貫く論理、パラドクスの論理とでも呼ぶべきものがそこにはある。燃えさかる炎のような煩悩に縛られ、深く重い罪悪を内にかかえ、救われるための手立ても資格ももたない人にこそ、手がさしのべられる。これこそが親鸞の論理であると言ってもよいかもしれない。

生死の連鎖を自ら断ち切ることのできない凡夫にこそ、阿弥陀仏の本願力のはたらきがふりむけられるという逆説、つまり、救われないからこそ救われるという逆説は、いわゆる論理の枠組みのなかで考えるかぎり、理解することができない。しかし、この逆説は、末法の世で、決して救われないということが身にしみてわかっていた人にとっては、たとえば猟師のように殺生を生業とし、いかにしても救われないということがわかっていた人にとっては、すぐに理解することができたのではないかと想像される。親鸞はそのような救いについて語った人であったのである。

淤泥華の喩え

この逆説を説明するために親鸞は巧みな喩えを用いている。淤泥華《おでいけ》の比喩である（『教行信証』「証巻」）。淤泥華とは、汚泥のなかに咲く花、蓮の花のことである。その比喩はもともと『維摩経《ゆいまきょう》』で語られたものである。

仏教では有為《うい》と無為《むい》という言葉が使われる。有為とは、因と縁とが結びついてたまたま生じている仮の存在のことである。それに対して無為とは、そのように移り変わるものではなく、生滅変化を超えた、常住の真実のことである。無為の境涯にいる人は、変わることのない絶対的な真実を把握し、仏としての境涯を生きる。『維摩経』「仏道品《ぶつどうほん》」では、この無為の境涯にいるのではなく、逆に有為の世界、煩悩の世界に住む人こそ、菩提心、完全なさとりの智慧を得ようとする心を起こすことができるということが言われている。そしてそのように言われたあと、この淤泥華の比喩が持ちだされている。「譬えば高原の陸地《ろくち》には蓮華を生ぜず、卑湿《ひしつ》の淤泥は乃《すなわ》ち此の華を生ずるが如し」。煩悩という汚泥のなかにのみ、仏法は芽を出し、花を付けるというのである。

中国浄土教の開祖とされる曇鸞《どんらん》（四七六―五四二年）がその主著『浄土論註』のなかでこの比喩に言及しているが、親鸞は『教行信証』「証巻」においてそれをそのまま引いている。「『経』（維摩経）にのたまはく、〈高原の陸地には蓮華を生ぜず。卑湿の淤泥にいまし蓮華を生ず〉と。これは凡夫、煩悩の泥のなかにありて、菩薩のために開導せられて、よく仏の正覚《しょうがく》の華を生ずるに喩ふ」（『聖典』三二一九頁）。煩悩のために罪悪を重ね、行に迷い信に惑う衆生にこそ、正覚、つまり正しいさとりの花が咲くというのである。心のなかに生まれてくる悪を正面から見つめ、自己の不真実を自覚し、懺悔するものにこそ、救いの光が射し込み、光によって包まれていることが意識されるのである。淤泥華の喩えは、この逆説を巧みに表現している。

歓喜と懺悔

しかし、それは自己の罪深さがなくなるということではない。清らかな花が咲いたとしても、それはどこかかなたにある清らかな地で咲くのではない。その花は汚泥のなかで咲く。汚泥がその存在の条件であると言ってもよいであろう。自己のなかにはそれまでと同様に底のない深い淵がある。「信心歓喜す」ということがあったとしても、それはやはりなお根底に残りつづける悪の自覚とともに、そして懺悔とともにある。

親鸞は『教行信証』「証巻」の冒頭の段落で「煩悩成就の凡夫、生死罪濁《ざいじょく》の群萌《ぐんもう》、往相回向《おうそうえこう》の心行《しんぎょう》を獲《う》れば、即《そく》のときに大乗正定聚《しょうじょうじゅ》の数に入るなり」（『聖典』三〇七頁）と記している。「煩悩成就の凡夫」という表現がたいへんおもしろい。わきおこる煩悩を断ち切ることができず、それにまみれて生きざるをえない人間のあり方がよく表現されている。煩悩にまみれた凡夫が、仏からふりむけられた心行、つまり信心と称名とを往生の因として自分のものとすれば、そのまま、仏となることが定まった正定聚の一人となるというのである。[2]『教行信証』の「行巻」の末尾に収められた「正信念仏偈《しょうしんねんぶつげ》（正信偈）」のなかでは、「五濁悪時の群生海、如来如実の言《みこと》を信ずべし。／よく一念喜愛の心《しん》を発すれば、煩悩を断ぜずして涅槃を得るなり」（『聖典』二〇三頁）と言われている。如来の真実の言葉を信じ、そこでそのまま喜びの心、確かな信心を得れば、煩悩を断つことなく、そのまま涅槃の状態にいたるというのである。

もし汚れた現実の彼方に純粋な歓喜があると考えるとすれば、おそらくそれは幻想にすぎないであろう。先に引用した『教行信証』「証巻」の言葉が示すように、煩悩の泥のなかでこそ「仏の正覚の華」は咲くのである。歓喜は懺悔のなかに、あるいは懺悔とともにある。そして懺悔は歓喜とともにある。両者は切り離しがたく結びついている。

生死と涅槃の一

親鸞に『浄土和讃』などのいわゆる三帖《さんじょう》和讃のほかに『帖外《じょうがい》和讃』と呼ばれるものがあるが、そのうちの一つに「超世の悲願ききしより／我等は生死の凡夫かは／有漏《うろ》の穢身《えしん》はかはらねど／心は浄土にすみ遊ぶ」という和讃がある。世の常を超えた阿弥陀仏の慈悲心に基づく願を聞いてから、われらは生死・輪廻の世界に迷う人ではなくなった。この身が有漏、つまり煩悩で汚れていることは変わらないが、しかし心は浄土に住み、遊ぶという意味である。心が浄土に住み、遊ぶとしても、煩悩に汚れた身であることは変わらない、浄土に住み、遊ぶ喜びは、煩悩に惑わされ、狂わされるこの身に生まれる喜びであり、その人間の本質的なあり方から切り離されたものではない。

また親鸞は「正信念仏偈」の曇鸞の徳を讃えた箇所で、「惑染《わくぜん》の凡夫、信心発すれば、生死すなはち涅槃なりと証知《しょうち》せしむ」（『聖典』二〇六頁）と記している。真実に迷い、煩悩に汚された愚かな人間も、阿弥陀仏の本願を信じる信心を起こせば、生死にありながら、すなわちこの迷いの世界にありながら、そのまま涅槃、つまり煩悩や執着を滅した状態にいたることをさとるというのである。(3)

救いやさとりはけがれたこの世から隔絶されたものであり、その彼方にあると考えられがちであるが、それらはこの世を超出することによって得られるのではない。むしろけがれた身であることと、けがれを脱することとが一つに結びついたところに成立する。親鸞がそのことを深く理解していたことがこれらの言葉から知られる。生死と涅槃、有漏と無漏（煩悩のけがれがないこと）、歓喜と懺悔とが言わば一つであること、懺悔があってはじめて歓喜がありうること、歓喜が懺悔によって裏打ちされていること、くり返し懺悔へと投げ返され、それを通してはじめて歓喜が歓喜でありうることを、親鸞ほど深く理解した人はいなかったと言えるであろう。

その理解はたとえば道元の理解にも通じる。『正法眼蔵』の「生死《しょうじ》」のなかで道元は、「生死の中に仏あれば生死なし」、「ただ生死すなはち涅槃とこゝろえて、生死としていと（厭）ふべきもなく、涅槃としてねがふべきもなし。このときはじめて生死をはなるる分あり」と述べている。涅槃や救いは生死の外に、言わばそれ自体として抽象的に求められるものではなく、むしろまさに生死の世界にこそ求められるとした点に、親鸞や道元に代表される鎌倉仏教の宗教的精神の大きな特徴を見てとることができる。

西田幾多郎の「逆対応」

救済とは一つのパラドクスであると言ったが、それは、西田幾多郎が「逆対応」という概念で捉えたことにも通じる。そのことについて少し見ておきたい。西田は初期の論考においても宗教の問題に深い関心を寄せたが、最晩年に「場所的論理と宗教的世界観」と題した論文を発表し、あらためて宗教の問題について論じた。そこで西田は、自己と自己を超えたものとの矛盾的な関係をこの「逆対応」という独自の概念で言い表した。「逆」ということが強調されるのは、自己と自己を超えたものとが相矛盾するもの、直接にはどこまでも結びつかないものであるからである。むしろわれわれは絶対的なものを前にして、自己の否定を——西田の表現で言えば自己の「永遠の死」を、あるいは「永遠の無」を——経験せざるをえない。

西田はこのように述べるとともに、次のように記している。「併し単にそれだけなら、私は未だそれが絶対矛盾の事実とは云わない。然るに、斯《か》く自己の永遠の死を知ることが、自己存在の根本的理由であるのである」(4)。有限なものと絶対無限なるもののあいだには決定的な断絶が存在する。その断絶の向こうに絶対無限なるものを掴もうと追い求めても、われわれはそれへと至ることはできない。「人間より神へ行く途はない」という言葉で西田はくり返しそのことを述べている。しかし、われわれはわれわれの自己が徹底して無であること、つまり自己の「死」を自覚するとき、自己を生かしているものに、あるいはわれわれの存在を支えているものに出会う。まさにそのことを通して自己の無を超える。このパラドックスを西田は「逆対応」と呼ぶのである。

この逆対応的な関係を端的に示すものとして西田は、鎌倉時代末期の臨済宗の僧・大燈国師（宗峰妙超）の言葉をたびたび引用している。「億劫《おくごう》相別れて、須臾《しゅゆ》も離れず。尽日《じんじつ》相対して、刹《せつ》那《な》も対せず」という、花園上皇との問答記に見える言葉である。意味は、「無限に長いあいだ別れていながら、一瞬も離れない。一日中相対していながら、一瞬も対することがない」というものである。

自己の力を恃んで、絶対無限なるものに直接向きあおうとするときには決してそれに出会うことはない。自己の徹底した悪を自覚するとき、つまり、自己が絶対無限なるものからもっとも遠く離れた無なる存在であることを自覚するときに、われわれはそれに出会うのである。そのことを西田は、たとえば次のようにも表現している。「我々の自己は絶対的一者の自己否定として、何処までも逆対応的に之に接するのであり、個なれば個なる程、絶対的一者に対する、即ち神に対すると云うことができる。我々の自己が神に対すると云うのは、個の極限としてである[5]」。

「個なれば個なる程」とか、「個の極限」という言い方がなされているが、このように言うとき西田の念頭にあったのは、おそらく先ほど引用した親鸞の「弥陀の五劫思惟の願をよくよく案ずれば、親鸞一人がためなりけり」という言葉であったと考えられる。そのときに言ったように、この言葉は、自分こそ煩悩の大海に沈み、罪悪を背負って、生まれかわり、死にかわる生死の世界をさまよう凡夫であるという自覚から語られた言葉であったと言ってよい。このような自覚をもった者こそ、絶対的なものに相対すると西田は言うのである。この逆説的な関係を西田は「逆対応」という言葉で言い表そうとしたのである。

（1）この点に深く関わるが、長谷正當は『欲望の哲学――浄土教世界の思索』（法藏館、二〇〇三年）のなかで次のように記している。「信とは如来を摑む私の心の作用ではなく、そこにおいて如来の心が映って（移って）いる場所の如きものでなければならない。……信とは……自己の心に開かれた無限の虚空、あるいは底なき深淵ともいうべきものでなければならない」（同書二四六頁）。

（2）往相と向向についても、第8章、第9章で詳しく論じたい。

（3）それに先だって「行巻」で曇鸞の『往生論註』の「『経』（華厳経・意）にのたまはく、「十方の無礙人、一道より生死を出づ」と。「一道」とは一無礙道なり。「無礙」とは、いはく、生死すなはちこれ涅槃と知るなり」（『七祖篇』一五五頁）という言葉が引かれている。『唯信鈔文意』では、「広大智慧の名号を信楽すれば、煩悩を具足しながら無上大涅槃にいたるなり」（『聖典』七〇七頁）と言われている。

（4）『西田幾多郎全集』第一〇巻三一四頁。

（5）『西田幾多郎全集』第一〇巻三四〇頁。

5 「信心定まるとき」——親鸞と「時間」

宗教的時間

第3章で、信仰においては、行くことも帰ることもとどまることもできない、この絶体絶命の状況のなかですべてを賭して選びとること、つまり「決断」が決定的な意味をもっていることを言った。また、この決断がなされるときは、われわれが日常経験している時間とは根本に異なった時間であるということを言った。この「とき」を宗教的時間という言葉で呼びたいと考えている。この「とき」の問題、つまり時間の問題は、宗教の問題を考えるうえで——したがってまた親鸞の信仰について考えるうえで——きわめて重要な意味をもっている。その要になる点、それを理解するうえで鍵になる点だと言ってもよいであろう。本章ではこの宗教的時間の問題について考えることにしたい。

いま、われわれが日常経験している時間と言ったのは、過去から未来へと向かって均一に流れていくと考えられている時間のことである。そのどこをとっても、同じ尺度で測ることのできる計量化された時間がある。しかし一つひとつの瞬間にはそれぞれがもつ独自の質というものはない。どの瞬間も他の瞬間と同じであり、とどまることなくすぐさま過去のものになっていく。質の充実というものがないのである。

それに対して宗教的な時間は量として計ることはできない。それは均一な、内容のない、どこまでも際限なく続く間のびした時間ではなく、そこには充実した質がある。何かある時間の秩序を超えたもの、言わば永遠なるものに触れるといったことがきっかけになり、そこに独特の、他と代替不可能な質が生まれる。そこに通常の時間を突破した時間が開かれてくる。この永遠に触れた時——つまり「とき」——は流れ去っていかない。触れたのは一瞬であるが、そこに永遠なるものが現前している。そのことによってこの「とき」も永遠なものとしてある。通常の時間秩序の尺度を当てはめれば、その「とき」もまた過去から未来に向かって流れ去っていく直線としての時間の一点ということになるかもしれない。しかし、その永遠なるものに触れた「とき」は、通常の時間の秩序を超えたものとして、それ自身が永遠なものとなる。

信仰においては、この「とき」こそが重要な意味をもっている。われわれは均一に流れ去っていく時間のなかにおいて永遠なるものに出会うのではない。いまこの「とき」において出会うのである。千載一遇という言葉があるが、通常は触れることのない永遠なるものに、いままさにこの「いま」において出会うことによって、時間が、そしてわれわれのあり方そのものが根本的に変質する。われわれの生きる意味が、そして生き方が根本的に変わるのである。通常の時間のなかでただ時間に追いかけられ、時間を追いかけるだけの自己が、「とき」の充実のなかで生きる自己に変わるのである。宗教の意味はここにあると言ってよいであろう。

キェルケゴールの「瞬間」

そのような「とき」をキェルケゴールは「瞬間」という言葉で表現した。そこには親鸞の時間理解に深くつながるものが見てとれる。その点を以下で簡単に見ておきたい。

キェルケゴールは『哲学的断片』（一八四四年）などにおいて、永遠なるものが時間のなかに現れでること、時間が永遠なるもので満たされること、その「ときの充実」を「瞬間」と呼んでいる。『不安の概念』（一八四四年）によれば、この「瞬間」は時間上の規定ではない。それはアトムとも言いうるが、しかしいわゆるアトム、つまり均一で分割不可能な、過去から未来へと向かって流れる時間の最小の単位ではない。アトムであるとしても、永遠性で満たされたアトムである。時間を停止させようという永遠なるものの試みによって生まれた「永遠のアトム」である。そこでは時間の流れが停止して、永遠なる時間、宗教的時間が成立している。

しかし、「ときの充実」は逆説である。時間を超えたものが時間の系列のなかに入り込んでくることを意味しているからである。それは具体的には、「神が人となった」ということ、しかも貧しい大工の子という卑賤の姿をとって永遠なるものが立ち現れたことを指す。それはわれわれの通常の理解力を超えた出来事、逆説であり、「つまずきの石」である。

そのような逆説的な真理が自己の外にとどまるとき、人は自己のなかには真理が存在していないこと、つまり真理の不在を自覚せざるをえない。それをキェルケゴールは「罪」という言葉で表現している。この「罪」を背負った者は、いかにしてそのあり方を脱し、真理を自分自身のものにすることができるのであろうか。いかにして新しく生まれ変わることができるのであろうか。

キェルケゴールは「瞬間」を「受け取りなおす」ことによってそれが可能になると言う。それは永遠なるものが時間の系列のなかに身を置いたという根源的な事実を自らの決断によって真実として選びとることを意味する。真理を自己自身のものとするのである。そのことによって人は根本的な転回を経験する。それまでとはまったく異なったあり方をすることになる。その瞬間に人は「新しい人間になる」と言われている。そこで人はキリスト者として「生まれる」のである。

この転回は、イエス・キリストとの「同時性」を実現することでもあるとキェルケゴールは考える。それはイエス・キリストを信じるということにほかならないが、同時に歴史のなかに現れでたイエス・キリストをまねぶ（模倣する）ということでもある。『キリスト教への修練』（一八五〇年）では、「彼〔イエス・キリスト〕は地上で生きた。このような彼の生涯は模範である。それから彼は至高に入ってゆき、そうして彼はいわば人類に向かって、汝らいま始めよ、と言うのだ――では彼らは何を始めるべきなのか？　模範に一致して生きることを、である[1]」と言われている。

もちろんキリストが神であるなら、それをまねぶことはできない。しかしまさに神が貧困と悲惨のなかで苦悩する者の姿を取ったということが、それを可能にする。しかしその卑賤の姿を模倣するということも容易には実現しない。しかし、挫折したとしても、そこで「〔理念性の〕諸要求が聞かれねばならず、繰り返し繰り返しその全き無限性において聞かれねばならない[2]」。このようにまねびが心からの信仰に支えられて反復されるとき、長い時間の隔たりが透明になって、現在において直接イエス・キリストと絶対的な関わりをもつ可能性が開かれる。キェルケゴールの理解では、このような反復のなかで実現される「同時性」こそが、信仰が成立する基盤であった。あるいはその「同時性」そのものがキリスト教の信仰であった。

西田幾多郎の「永遠の今」

信仰が成立する宗教的な時間――時間を超えた時間――をキェルケゴールがどのように理解していたかを見たが、西田幾多郎もまたそのような時間に注目している。それを西田はアウグスティヌスの時間論などを踏まえながら、「永遠の今」という言葉で表現している。

西田の中期以降の思想の特徴は、われわれのさまざまな知のはたらきや情意のはたらきの根底に、それ自体は決して「対象化することのできない自己」というものを考えた点にある。それは決して対象化されることのないものとして、いかなる論理的な規定によっても言い表すことができない。そのような意味で西田はそれを「無」という言葉で言い表した。しかしもちろん有から区別された無、つまり、一つの論理的な規定としての無ではない。論理的な規定としての無は、一種の有、言いかえれば、一つの有るものと見なされうる。西田が場所を「無」と表現するとき、意味されているのは、そのような有に対立する無ではなく、「有無を包んだもの」、「有無の対立をも超越して之を内に成立せしめるもの」である。つまり、それ自身はあらゆる規定を超えたもの、言いかえれば「無」でありながら、「有無の対立」をそこに、そのなかに成立させるものである。そのような意味でそれは「場所」とも、また「無の場所」とも呼ばれる。[3]

それは「無」とも、「無の場所」とも呼ばれるが、単なる無ではなく、「自己の中に自己を写（映）す」。つまり自己を自己自身のなかに表現する。そのことによって、われわれのさまざまな意識のはたらきが可能になる。このように「無」がそれ自身を限定することを西田は「場所が場所自身を限定する」とも、「絶対無の自覚的限定」とも言い表している。[4] そしてとくに時（時間）の問題との関わりで、この「絶対無の自覚的限定」は「永遠の今の自己限定」と言い表されている。[5]

「私の絶対無の自覚的限定といふもの」（一九三二年）と題した論文では、西田は次のように述べている。「真の永遠の今の自己限定と考へられるものは、時を超越したものではなく、時を包んだものでなければならない、自己に於て自己自身の限定として無数の今を成立せしめるものでなければならない、その一々が一度的なると共に永遠の意味を有つたものでなければならない」(6)。西田によれば、永遠なるものは時と無関係のもの、時の彼方にあるものではなく、それ自身の限定を通して、それ自身のうちに時を成立させるものなのである。その無数の、いたるところに考えられる自己限定は、歴史のなかにおいて成立する一度的な出来事であると同時に、その瞬間においてつねに永遠なるものに触れるがゆえに「永遠の今の自己限定」と表現されるのである。

「私と汝」(一九三二年)と題した論文では西田は、この「永遠の今」、言いかえれば、過去未来を包んで「無限に広がる無限の現在」とでも言うべきものを、パスカルの言う「周辺なくして到る処が中心となる円」に喩え、この円のなかに成立する「無数の今」が「我々の個人的自己」であるとしている。その「我々の個人的自己」自身がまた、「一つの中心を有つた無限大の円として自己自身を限定する」(7)。そしてその歩みの「一歩一歩が絶対の無に接してゐる」(8)るというのが西田の考えであった。「永遠の今」とは、西田において、その限定を通してすべてのものを可能にする永遠なるものであるとともに、われわれがまさに永遠なるもの、絶対的なものに触れる時間、そのような意味で時間を超えた時間であったと言うことができる。

親鸞における「とき」

先に、信仰が成立するのは、均一に流れ去っていく時間のなかにおいてではなく、通常の時間を突破した時間においてであることを言った。そこにおいて永遠なるものに触れることによって時間は、独特の、他と替えがたい質をもつにいたる。そこでは時間そのものが永遠なものとなっていると言うこともできる。

親鸞は、この信仰にとって決定的な意味をもつ「とき」――キェルケゴールで言えば「瞬間」――を強く意識した人であったと言うことができる。たとえば『歎異抄』（一）に「弥陀の誓願《せいがん》不思議にたすけられまゐらせて、往生をばとぐるなりと信じて念仏申さんとおもひたつこころのおこるとき、すなはち摂取不捨の利益にあづけしめたまふなり」（『聖典』八三一頁）という言葉が見える。この「念仏申さんとおもひたつこころのおこるとき」の「とき」、この念仏しようという心の起こる「とき」が、信仰がまさに成立する、通常の時間を突破した時間であると言うことができる。

『教行信証』の「信巻」では次のように言われている。「それ真実の信楽を案ずるに、信楽に一念あり。一念とはこれ信楽開発《かいほつ》の時剋《じこく》の極促《ごくそく》を顕し、広大難思《なんじ》の慶心《きょうしん》を彰《あらわ》すなり」（『聖典』二五〇頁）。「真実の信楽」とは、阿弥陀仏の本願を疑うことなく、心から信じることを意味する。「一念」とはここではその信心が生まれる時間的な極限、つまりその最初の瞬間である。しかしそれは、これまで述べてきたように、流れる時間の一瞬ではない。そういう時間が断ち切られた「瞬間」である。そこに通常の理解を超えた大きな喜びが生じることがここでは言われている。

また、この真の信仰が成立するときに、往生もまた定まることが言われている。「浄土和讃」のなかで親鸞は、「若不生者《にゃくふしょうじゃ》のちかひゆゑ／信楽まことにときいたり／一念慶喜《きょうき》するひとは／往生かならずさだまりぬ」（『聖典』五六一頁）と詠っている。「若不生者のちかひ」とは、先に触れた阿弥陀如来の第十八番目の誓い、すなわち、すべての人が心から信じて、わたしの国に生まれたいと願い、そして実際にわたしの国に生まれるのでなければ、わたしは決してさとりを開かないという誓いを指す。この如来の慈悲のおかげで真の信心が起こる「とき」が到来し、そしてそこで大きな喜びを感じるにいたった人は、往生が必ず定まる、ということが言われている。この「とき」において、生き方そのものが根本的に変質するのである。

横超

いま述べた「とき」、つまり宗教的な時間とも関わるが、親鸞は阿弥陀仏の本願による救いが「横超」という性格をもつことを『教行信証』などにおいてくり返し語っている。「横超」とは「よこさま」に、つまり横方向に迷いを超えるという意味である。「よこさま」という言葉は、通常は、自然でないこと、道理にかなっていないことを意味するが、親鸞はそこに逆に積極的な意味を込めようとしたのである。この「横超」という言葉に込めた意味について親鸞は『尊号真像銘文』のなかで次のように語っている。『無量寿経』のなかで、安楽で清浄な無量寿国（寿命がはかりしれない仏（阿弥陀仏）の国）に往けるように精進すれば、「かならず（迷いの世界を）超絶して去《す》つることを得て安養国《あんにょうこく》（阿弥陀仏の浄土）に往生して、横《よこさま》に五悪趣（地獄・餓鬼・畜生・人・天という五つのあり方）を截《き》り、悪趣自然に閉ぢ、道に昇るに窮極《ぐうごく》（きわまり尽きること）なからん」（『聖典』五三―五四頁）と言われている箇所を引き、次のような解説を加えている。「横截《おうぜつ》五悪趣悪趣自然閉《じねんぺい》」といふは、「横《おう》」はよこさまといふ、よこさまといふは如来の願力を信ずるゆゑに行者のはからひにあらず、五悪趣を自然《じねん》にたちすて四生《ししょう》（生きものが生まれる四つの形態、迷いの世界全体を指す）をはなるるを横といふ、他力と申すなり、これを横超といふなり。横は竪《しゅ》に対することばなり、超は迂《う》に対することばなり、竪はたたさま、迂はめぐるとなり、竪と迂とは自力聖道のこころなり、横超はすなはち他力真宗の本意なり」（『聖典』六四六頁）。「横」は「竪」、つまり「たたさま」（立てた方向）に対する。「たたさま」とは、さとりを得ようと功徳を積み、まっすぐに、言わば縦方向に努力を積み上げていくことを意味する。それに対して「横」は、そのような縦方向の努力によってではなく、すべてを如来に委ね、その力に乗託して「よこさま」に迷いの世界を離れることを意味する。そして「超」は「迂」に対する。つまり、自力修行の回り遠い道を行くのではなく、一挙に生死の世界を脱却することを指す。

その意味について親鸞は同じ『尊号真像銘文』のなかで――「正信偈」の「即横超截五悪趣」という表現を取りあげた箇所で――、「生死の大海をやすくよこさまに超えて無上大涅槃のさとりをひらくなり」（『聖典』六七三頁）と解説している。

このように親鸞は「よこさま」という言葉に、通常の意味とは異なり、積極的な意味を込めようとするのであるが、それは親鸞が、煩悩に惑わされ、いかにしても生死を離れることができないという衆生のあり方を直視し、そのなかで衆生の救済の可能性を探ろうとしたことに関わる。迷いの世界に深く沈み込みながら、そこから逃れる力も手段ももたない人々が煩悩や執着を滅した状態にいたりうる道をそれによって示そうとしたのである(9)。

横超と宗教的時間

この「横超」は、いま述べた宗教的時間としての「とき」において――「瞬間」において――生起する出来事であると言うことができる。そういう観点で興味深いのは、親鸞が、「行巻」において大乗の教えが「一乗」、すなわちすべての人をことごとく仏のさとりへといたらせる唯一無二の教えであることを述べたあと、それが「無辺不断」（『聖典』一九五頁）であるとしている点である。つまり、大乗の真理が空間と時間を超越していることをここで述べている。如来の誓いを心から信じ、「一念慶喜」するのは、この宗教的な時間・空間においての出来事なのである。

鈴木大拙は禅思想を中心に研究し、この領域で多くの業績を残したが、しかし大谷大学で長く教鞭を執った人であり、たとえば彼が一九四二年に刊行した『浄土系思想論』を繙くと、浄土教の思想についての深い理解を有していたこと、またそれが彼の思想のなかに深く入り込んでいたことがよくわかる。この書のなかで大拙は、浄土真宗の信仰の特徴をいま見た「横超」のなかに見ている。たとえばこのなかに収められた「浄土観・名号・禅」のなかで次のように述べている。「仏教者の浄土は此土の連続ではない。彼土と此土とは絶対の矛盾であるから、その間に連絡性は認められぬ。而してこの矛盾懸絶の故に両者の自己同一を説き得るのであるから、彼より此、此より彼へのわたりは、「横超」でないと可能でない。「横超」とは非連続の連続である」(10)。

親鸞の曽孫である覚如が著した『改邪鈔《がいじゃしょう》』のなかに「本願の不思議をもつて生《うま》るべからざるものを生れさせたればこそ、超世《ちょうせ》の願ともなづけ、横超の直道《じきどう》ともきこへはんべれ」(『聖典』九二九頁)という表現があるが、この生まれるはずのないものが浄土に生まれるという矛盾、逆説を大拙は西田幾多郎の「矛盾的自己同一」や「非連続の連続」という概念を用いて説明しようとしたのである。先ほど西田の「逆対応」の思想を取りあげた箇所でも述べたが、西田の哲学は親鸞の信仰に深く通じるところがある。そのことを大拙はここではっきりと見てとっている。

往生

先ほど「一念慶喜《きょうき》するひとは／往生かならずさだまりぬ」という「浄土和讃」の一節を引用したが、ここで言われている「往生」という言葉をどのように理解すればよいであろうか。多くの場合、いつか遠い将来に浄土（安養国）に往き、そこに生まれるという意味で理解されている。しかし、「往生」はそういうことを指すのであろうか。

『教行信証』の「信巻」では、『無量寿経』の「あらゆる衆生、その名号を聞きて、信心歓喜《かんぎ》せんこと乃至一念せん。……かの国に生れんと願ずれば、すなはち往生を得、不退転に住せん」（『聖典』二五〇頁、『無量寿経』、『聖典』四一頁）という文章が引かれている。すべての衆生を救おうという阿弥陀如来の願いが具体的な形をとった「南無阿弥陀仏」という名号（名前・尊号）を耳にして、如来の国に生まれたいと願ったとき、信心はもはや二心なく、一心となり、心からの喜びを感じる。そのときまさに往生することを得、そしてそこから決して退くことがないという文章である。

　このような意味で親鸞が、信心が生まれる「とき」を理解していたことは、消息第一通（『末灯鈔』第一通）の「真実信心の行人《ぎょうにん》は、摂取不捨《せっしゅふしゃ》のゆゑに正定聚の位に住す。このゆゑに臨終待つことなし、来迎たのむことなし。信心定まるとき往生また定まるなり」（『聖典』七三五頁）という言葉からもわかる。真実の信心を得た人は、阿弥陀如来がすべての人を摂《おさ》め取り、決して捨てることがないので、正定聚、つまり仏となることが定まった人々の位に身を置く。したがって臨終のときまで待つ必要もないし、来迎、つまり臨終に際して阿弥陀如来が諸菩薩とともに死者を迎えに来て、浄土へと導くという信仰に頼る必要もない。信心が定まったとき、往生もまた定まったのである、ということがここに言われている。

このような理解に対しては、「往生」とは、文字通り、死後に浄土に往き、生まれることではないのかという疑問が出されるかもしれない。しかし、親鸞はこの書簡の文章からも明らかなように、往生を遂げるためには臨終を待つ必要はないし、来迎をあてにする必要もないことを明確に述べている。

親鸞の信仰と往生

親鸞の往生についての理解には源信の『往生要集』で説かれたような往生観に対する批判があったと考えられる。たとえば『往生要集』の「欣求浄土」の章に、「念仏の功積《こうつも》り運心〔浄土に心を寄せること〕年深きものは、命終《みょうじゅう》の時に臨みて大喜おのづから生ず。しかる所以は、弥陀如来、本願をもつてのゆゑに、もろもろの菩薩、百千の比丘衆《びくしゅ》と、大光明を放ちて、皓然《こうねん》として〔明るく輝いて〕目の前にましますと」（『七祖篇』八五六頁）という文章があるが、臨終の際に訪れる阿弥陀如来の慈悲にすがり、浄土へと赴くことが、この書における源信の最大の関心事であったと言うことができる（藤原道長もこの言葉通りの往生を願って、五色の糸をにぎって今生の命を終えたのである）。

それに対して親鸞は、先の書簡のなかで、来迎に頼る態度を次のように批判している。「来迎は諸行往生〔種々の善根を修め、それによって浄土に生まれようとすること〕にあり、自力の行者なるがゆゑに。臨終といふことは、諸行往生のひとにいふべし、いまだ真実の信心をえざるがゆゑなり」（『聖典』七三五頁）。来迎を期待するというのは、とりもなおさず、よい報いを受けるためによい行為をし、さまざまな修行を行い、そのことによって往生を遂げようとすることであるが、それは自らの力に頼る修行者が行おうとすることである。臨終を待つというのは、そういう自力の修行者がすることである。そういう人は真実の信心をもっていない。そのゆえに、もろもろの善行を重ねて、臨終に際してそのことによって往生をしようと考えるのである。このように親鸞は、自らの他力の信仰と、来迎に頼る態度とが相容れないことを明確に述べている。(11)

親鸞が、往生は遠い将来のいつかどこかで叶うという考え方をしていないことが、ここから明瞭に見てとることができる。そもそも遠い将来のいつかというのは、計量化される時間秩序のなかで言われることである。信仰の出来事は、そのような時間秩序のなかの出来事ではなく、それを超えたものであるという理解を親鸞はもっていたと言うことができる。信仰は通常の時間を超えた宗教的時間において成立するのである。その出来事は、遠い将来のいつかどこかということではなく、「いま」であり、「瞬間」であり、「永遠の今」なのである。このことを明確に理解していた点に、親鸞の信仰の特徴がある。この点を誤って理解すれば、同時に親鸞の信仰そのものを誤って理解することになってしまうであろう。臨終を待ち、来迎を期待する人は「真実の信心をえざる」人であるというこの言葉は、親鸞の信仰を理解するうえで決定的な意味をもつ。

「心すでにつねに浄土に居す」

先に『歎異抄』（一）の「弥陀の誓願不思議にたすけられまゐらせて、往生をばとぐるなりと信じて念仏申さんとおもひたつこころのおこるとき、すなはち摂取不捨の利益にあづけしめたまふなり」という文章を引いたが、この「念仏申さんとおもひたつ」という決断を通して開かれてくる宗教的時間の風光を親鸞は消息第十一通（『末灯鈔』第三通）のなかで、善導の『般舟讃《はんじゅさん》』（極楽浄土の阿弥陀仏の徳を讃える行法を説いたもの）の言葉を借りて、次のように述べている。

「光明寺の和尚（善導）の『般舟讃』には、「信心のひとは、その心すでにつねに浄土に居《こ》す」と釈したまへり」。（『聖典』七五九頁）。またこの「居す」という言葉を解釈して、「浄土に、信心のひとのこころつねにゐたり、といふこころなり。これは弥勒とおなじといふことを申すなり」と記している。真の信仰をもつにいたった人の心は、すでにつねに浄土にあり、その人は如来と同じさとり（等正覚《とうしょうがく》）をもつにいたっているというのである。

親鸞はこの「心すでにつねに浄土に居す」ということを、また、「即得《そくとく》往生」という言葉で言い表している。たとえば『唯心鈔文意』のなかで親鸞は次のように記している。「この信楽をうるときかならず摂取して捨てたまはざれば、すなはち正定聚の位に定まるなり。このゆゑに信心やぶれず、かたぶかず、みだれぬこと金剛のごとくなるがゆゑに、金剛の信心とは申すなり……「即得往生」は、信心をうればすなはち往生すといふ、すなはち往生すといふは不退転に住するをいふ、不退転に住すといふはすなはち正定聚の位に定まるとのたまふ御《み》のりなり、これを「即得往生」とは申すなり。「即」はすなはちといふ、すなはちといふはときをへず日をへだてぬをいふなり」（『聖典』七〇三頁）。計量化された時間という意味での時の彼方において、いつかどこかで往生するというのではなく、「いま・ここ」で往生するということが強調されている。この「いま」というのは、これまでくり返してきたように、計量化された時間の一点ではなく、そうした時間を超越した宗教的時間を指す。

即得往生

鈴木大拙は先ほど取りあげた『浄土系思想論』のなかで、「実は吾等はいつも浄土に居るのであるが、自力の論理の故に、そこを脱出しようとのみもがく」(12)と記している。ここでもはっきりと「吾等はいつも浄土に居る」ということが言われている。

自らの善行によって往生を遂げようとする人にとっては、いまの自己はつねに不十分なものとしてある。めざすべきさとりの世界は、つねに彼方にある。そのために、時間は必然的に過去から未来へと流れる時間になる。先に引用した「来迎は諸行往生にあり、自力の行者なるがゆゑに」という親鸞の言葉はそのことを言い表している。しかし大拙の理解では、われわれは「いま・ここ」で浄土にいるのである。

その浄土の風光を大拙は次のように描きだしている。「弥陀がその名号の十方国土に聞えんことを誓ふ所以は、実に人間性矛盾の叫びに応ずる反響に外ならぬのである。もう一遍云ひかえせば、矛盾そのものにある自己同一が自らを名乗り出たのである。この名乗りを聞く時が称名である。弥陀の名号を聞くことそのことが称名である[13]」。

少しむつかしい表現がされているが、まず「人間性矛盾」とは、「煩悩具足のわれらは、いづれの行にても生死をはなるることあるべからざる」という、われわれのいかにしても抜け出ることのできない状況を言い表している。すべての衆生を救おうという阿弥陀如来の誓願は、その状況のなかで発せられた深い苦悩の叫びに対する反響だというのである。それは人間性の矛盾の根底にあるもの――「存在の根源」というような表現をしてもよいと考えられる――から響いてきているという理解を大拙はしている。その響き――浄土教の文脈で言えば、阿弥陀如来の「名乗り」――を聞きとること、それがそのままその名を称えることになるということが言われている。

阿弥陀如来の名号を聞き、それを称える、その「いま・ここ」が「浄土」であると言ってよいであろう。そのことを大拙は次のように表現している。「仏教の浄土は此土を辞してから往く処ではないのである。従つて、空間的に西方十万億土を隔てた向うに在る国土ではないのである。浄土は此土と対立して、而も此土に映つてゐるものなのである」[14]。ここでは浄土が「此土に映つてゐる」という言い方がされているが、真実の信心を獲得したとき、その宗教的時間のなかで、その信心が得られた場所が、そのまま浄土になっているという意味に理解してよいであろう。そこでは、煩悩にまみれていた衆生が、そうした自己のあり方から離れ、「存在の根源」へと帰入していると言ってもよいかもしれない。

ここでも言われているように、信仰は、はるか彼方にある時間・場所においてではなく、「いま・ここ」において成立すると言えるのではないだろうか。そのことをはっきりと自覚し、それを語り続けたところに、親鸞の信仰の独自性があるように思われる。そこにわれわれは親鸞の躍動する信仰を見てとることができる。

平生業成

いま述べた「即得往生」については、「平生業成《へいぜいごうじょう》」という言葉で表現されることもある。臨終のときにではなく、真実の信心により生きているこの平生において、浄土に生まれるという大きな業がすでに完成しているという意味である。南北朝時代に出た浄土真宗の僧であり、その教学の確立に大きな寄与を行った存覚《ぞんかく》が残した『浄土真要鈔《しんようしょう》』に、「親鸞聖人の一流においては、平生業成の義にして臨終往生ののぞみを本とせず、不来迎の談にして来迎の義を執せず」（『聖典』九六一頁）という言葉が見える。

室町時代の浄土真宗の僧であり、その中興の祖とも言われる蓮如の『御文章』一帖（二）では次のように言われている。「当流、親鸞聖人の一義は、あながちに〈無理に〉出家発心のかたちを本《ほん》とせず、捨家《しゃけ》棄欲のすがたを標《ひょう》せず、ただ一念帰命《きみょう》の他力の信心を決定《けつじょう》せしむるときは、さらに男女《なんにょ》老少をえらばざるものなり。さればこの信をえたる位を、『経』（『無量寿経』）には「即得往生住不退転《じゅうふたいてん》」と説き、『釈』（『往生論註』）には「一念発起入正定之《にゅうしょうじょうし》聚《じゅ》」〈一念発起すれば。正定の聚に入る〉ともいへり。これすなはち不来迎の談、平生業成の義なり」（『聖典』一〇八五頁）。

「平生業成」とは要するに、「信心をうるとき往生すなはち定まる」ということである。それは「臨終業成」に対比して言われる言葉であるが、しかし、そこで言われる平生と臨終とを、過去から未来に向かって均一に流れる時間の二つの点として理解するとすれば、それは親鸞の時間理解を誤って理解することになるであろう。そうした理解は、宗教的な時間というものについてのまったくの無理解に基づく。すでに述べたように、親鸞が「弥陀の誓願不思議にたすけられまゐらせて、往生をばとぐるなりと信じて念仏申さんとおもひたつこころのおこるとき」と言うときの「とき」、「かの国に生れんと願ずれば、すなはち往生を得、不退転に住せん」と記すときの「すなはち」、「往相回向の心行を獲れば、即のときに大乗正定聚の数に入るなり」というときの「即」は、そのような時間のなかの一点ではない。「その心すでにつねに浄土に居す」と言われる宗教的な時間を指して言われている。この点が、親鸞の信仰について、そしてその時間についての理解を考えるうえでもっとも重要な点であることを強調しておきたい。

曽我量深の「平生業成」

かつて「死」の問題について考えていたときに、強く印象づけられる文章に出会ったことがある。それは仏教学者・真宗学者として知られる曽我量深（一八七五―一九七一）の「感応の道理」という文章のなかの言葉であった。「死は生に向つて噛みついてゐる、何時でも生のところに死が噛みついてゐる。……死が噛みついてゐるところに平生業成があるのであります(15)」とそこには記されていた。この「死は生に向つて噛みついている」という文章を読んで、自分が死に首根っこを押さえつけられた存在であることを改めて思い知らされ、そのことの恐ろしさをひしひしと感じた。ライオンが獲物を襲うときに、その強力なあごで獲物の急所に噛みつき、即死させるように、死の牙はわれわれの首に確実にくい込み、われわれを動けなくしているのだということを改めて思ったのである。おそらくそういう意味だと思うが、曽我は「本当は人間の命は一息しかない」というようにも書いている。「人間の命は一息しかない」というのは、おおげさな表現のようにも見えるが、しかし生の裏側にはつねに死がある、両者は一つの事柄の裏表なのだというのは、私たちの生の現実をたしかに言い当てているように思われる。

　曽我は「死が嚙みついているところに平生業成がある」と言う。それは、われわれが安住する場所は、どこか彼方に、たとえば西方浄土というようなところにあるのではないということを意味している。どこか彼方にではなく、この生においてこそ、つまり、死がぴったりと貼りついたこの生においてこそ、往生という大事業がなし遂げられるのだということであろう。

　だいぶん以前のことになるが（一九六一年のことである）、親鸞の七百回遠忌の年に京都の京都会館で開催された記念講演会で金子大栄・曽我量深・鈴木大拙の三人が講演を行ったことがあった。そこで曽我は、「信に死し願に生きよ」というテーマで講演を行った。「信に死し願に生きよ」というのは、善導の『往生礼讃』に「前念《ぜんねん》に命終《みょうじゅう》して後念《ごねん》にすなはちかの国に生じ……」（『七祖篇』六六〇―六六一頁）とあるのを承けて、親鸞が『愚禿鈔』のなかで、「本願を信受するは、前念命終なり。即得往生は、後念即生なり」（『聖典』五〇九頁）と記したことを踏まえたものである。『往生礼讃』では、前の瞬間に命が尽きたとき、その次の瞬間に阿弥陀仏の浄土に生まれることが言われているのであるが、親鸞は、この世において信心を獲得すると同時に、即座に往生を得ると解釈したのである。曽我は、善導では前念と後念、前の瞬間とあとの瞬間が二つになっているが、親鸞の場合には、それが一念になっている、つまり両者が同時であると理解している。真実の信仰を獲得したとき、この世での「迷いの命が終わる」、つまり迷いの根が断ち切られる。そこにすぐさま「新しい浄土の生というものがはじまる」(16)。迷いの命が終わることを曽我は「信に死す」と表現し、阿弥陀仏の本願に従って「新しい浄土の生」を歩むことを「願に生きる」と表現したのである。

「新しい生活」と「道としての往生」

この「新しい浄土の生」を歩むというのは、必ずしもわかりやすい表現ではない。それは具体的にどういうことを意味するのであろうか。それをどのように理解すればよいであろうか。それについて考える手がかりを曽我の次の言葉に求めたい。「信の一念に往生は決定する。往生が決定するというのは、つまり、往生というのは生活でありましょう。生活が決定する。新しい生活がそこに始まる。それを往生というのでございます」(17)。ここに往生とは生活であるというたいへん興味深い言葉が記されている。「生活が決定する」というのは、いかに生きるか、いかに死ぬか、最終的な覚悟とともに、日々の生活を一歩一歩歩んでいくことだと言ってよいであろう。

『歎異抄』(七)に「念仏者は、無碍《むげ》の一道なり」(『聖典』八三六頁)という言葉がある。念仏の道は何ものによっても妨げられることのない一つの道であるということである。「新しい浄土の生」を歩むというのは、おそらくこの「無碍の一道」を歩むことを意味すると考えてよいであろう。大谷大学で長く教授を務めた真宗学者の寺川俊昭は『往生浄土の自覚道』（二〇〇四年）と題した著作のなかで、流転する人生をひるがえし、正定聚の数に加えられたことから始まる新しい生活を、この「無碍の一道」を日々大切に生きていく歩みとして捉えている。この命の歩み全体が、『無量寿経』で言われる「往生を得る」ことであるというのである。その前に発表した『親鸞のこころ——人間像と思想の核心』（一九八三年）のなかでは、寺川はこの歩みを「仏道としての往生道」とも、「現生《げんしょう》正定聚をその内実とする自覚道」とも言い表している。

このような寺川の理解について、同じく大谷大学で教鞭を執った安冨信哉は、『親鸞・信の教相』のなかで次のように述べている。「ここには「往生道」という言葉で、往生が表明されています。そういう意味では、往生道という、往生を「点」としてとらえるのではなくて、「線」としてとらえていくという、一つの立場が示されています。……ただ、点的往生理解に止まらないで、線的往生理解といいましょうか、そういうように往生というものを了解していく。それがこの「往生道」という言葉に寺川先生がこめられた意味なのではないかと思います。いわば、獲信、信心を獲るところに開かれてくる人生、これを「往生の一道」ととらえて、そこに「即得往生」という教言の意義を見出されようとしているのです[18]」。

先に、信仰が成立するのは通常の時間のなかにおいてではなく、それを超えた宗教的時間においてであると言った。あるいは「いま・ここ」においてであるといった。その「いま」は、すでに述べたように、計量化された時間のなかの一瞬ではない。むしろ持続する時間であると言ってもよいであろう。真実の信心とともに生きる、あるいは曽我の表現で言えば、「新しい生活が始まる」というところに、「新しい浄土の生」を歩むということがあるのである。この歩みは寺川によれば「往生する人生」であり、安富によれば「往生の一道」である。いま「持続する時間」といったが、それはこのように「道」と捉えることもできる。「往生」ということについての非常に具体的な理解がここにある。この点は、親鸞の信仰をわれわれの生に引きつけて理解するうえで、非常に大きな意味をもっていると言うことができるであろう。

将来する浄土

先ほど親鸞が『教行信証』のなかで『無量寿経』の「かの国に生れんと願ずれば、すなはち往生を得」という文章を引いていることを見た。また消息のなかで「信心定まるとき往生また定まるなり」と記しているのを見た。武内義範は『親鸞と現代』のなかで、この信心が定まる「とき」において、つまり宗教的時間において成立する「往生を得る」、あるいは「往生が定まる」という出来事を、「将来する浄土」という概念を用いて独自の視点から解釈している。その点について以下で見ておきたい。

武内のこの「将来する浄土」という概念の背後には、彼独自の「超越」についての理解がある。「超越」（Transzendenz, transcendence）とは、もともと有限なものからそれとはまったく別の高い次元へという運動を意味する言葉であった。そこではこの運動は低いものから高いものへという一つの方向で考えられていた。しかし武内はこの超越のなかに二つの方向を見てとろうとする。つまり、超越は、此岸から彼岸へという方向においてだけでなく、彼岸から此岸へという方向においても考えられるというのである。しかもこの二つのはたらきが遭遇することが真の意味の超越であると言う[19]。

この彼岸から此岸へという方向に着目したとき、現実の世界を超越した無限な存在は、ただ単に彼方にとどまるのではなく、むしろこの現実の世界に到来すると考えられる。『親鸞と現代』のなかで武内は次のように述べている[20]。「世界に対して真に超越的な超越者というものは、やはり未来から現在に将来するものとして、超越者が将来するというかたちで考えられねばならない。……われわれに対して超越的に将来する者として現在してくる者が、真の超越であると私は考える[21]」。

超越ということを有限なものから別の高い次元への一方的な運動としてとらえると、両者のあいだには架橋しがたい隔たりが生まれる。有限な存在がいくら歩みを進めても、いくら努力を重ねても、有限な世界とは質をまったく異にした超越者へと到達することはできないからである。この場合、二つの世界は接点をもたないままに終わってしまう。このように有限なものとの接点をもたず、ただ彼方にあると考えられる超越者は真の意味での超越者ではないと武内は考える。無限なものの有限なものへの超越ということが考えられたとき、そのときはじめて有限なものより高い次元への跳躍ということも可能になるのである。それこそが真の意味の超越であるというのが武内の理解であった。

それがどのようにして起こるのか、そのことを武内は一つの比喩によって語っている。深山の池の波一つない鏡のような水面に、空から一羽の小鳥が舞い降り水浴びをすることによって、その回りに波紋が広がっていくという光景を武内は思い描いている[22]。小鳥は無限の虚空から言わばその使者として、そのなかに包まれる低い次元に向かって、垂直の方向からその水平の次元に交わるように降り立ってくる。無限の次元は超越的な他者性を有しつつ、相対の世界の一つの地点に、そしてある瞬間に姿を現す。このように時間・空間を超えた永遠なるものが「いま・ここ」に現れ出るという逆説的な出来事として、超越する世界と相対の世界との遭遇が成立すると考えられる。

信仰は、有限者の側からの、彼方にある超越者への一方的な関わりとして考えることはできない。もしそうであれば、超越者は決して到達することのない、そしてまったく中身のない単なる空虚にとどまる。超越者が、自ら有限者のなかに歩み入ってくることによってはじめて両者は関わりをもちうる。まさにそのことによって超越者ははじめて超越者としてである。武内が言うように、浄土は将来することによってはじめて浄土でありうると言ってよいであろう。

「未だ……ない」という否定を含んだ「将来」

超越とは、此岸から彼岸へと超えていくということを意味するだけでなく、むしろ彼岸が此岸へと到来する、そしてこの二つの世界が遭遇するという意味をもつというのが武内の理解であった。

このように武内が浄土を将来するものとして捉えた背景には、二十世紀を代表するドイツの哲学者ハイデガーの影響があった。『教行信証の哲学』でも武内はすでに、「ハイデッガーの時間論においても、将来の意義が強調せられている。現存在が実存となることも、将来によってである[23]」と述べている。ハイデガーは、われわれが本来の意味で存在する(実存する)のは、われわれの存在を限界づけている死を隠蔽したり、そこから逃避したりするのではなく、それへと先駆し、それを自らの固有の可能性として引き受けようと決意することによってであると考える。武内が「現存在が実存となることも、将来によってである」と言うのも、そのことを指す。

ハイデガーの言い方で言えば、この「先駆的覚悟性」によって、つまり「自己を自己へと至らしめる（将来せしめる）」（Sich-auf-sich-zukommen-lassen）[24] ことによって、われわれは自己が本来何であるかを自覚し、実存するのである。

武内は、そのことによって同時に、「ほんとうの意味の自覚が成立する場が自己に向かって開かれる（到来する）」と言う。武内が「将来する浄土」と言うとき、この理解が踏まえられている。つまり、われわれのほんとうの意味での自覚の成立は、同時に、「浄土という言葉であらわされるような新しい世界が自覚の根底に、自覚を成立せしめる場として――自覚を成立せしめる時間の場として――成立する」[25] ことでもあるというのが武内の考えであった。

しかし興味深いことに、武内はこの浄土の「将来」ということのなかに、自覚を成立せしめる場の到来という意味、つまり「まさに来たれり」という意味だけでなく、同時に「未だ来たらず」という意味をも見てとっていた。「浄土」は、われわれの自覚とともに「いつでも現在に未来から来ている」のであるが、しかしそれだけでなく同時に、いまだ到来していないものでもあるのである。つまり、「「未だ……ない」という否定を含んだ形で将来している」[26] という逆説性を武内は「将来する浄土」のなかに見ている。「将来する浄土」は、われわれの自覚を成立させる場として、すでに有限な世界のなかに立ち現れていると同時に、超越的なものとしてもありつづけているのである。

その点で武内の理解はハイデガーのそれと異なる。武内が「将来する浄土」という概念をもちだすとき、いま述べたように一方ではその背景にハイデガーの時間論があった。しかし他方、武内はハイデガーの時間理解の一面性についても語っている。『教行信証の哲学』のなかで次のように述べている。「超越論的ではあっても超越的ではない彼の立場は、将来の問題においても、存在可能への有効範囲内で将来を考察するだけで、将来の現（存）在に対する絶対的超越性・絶対的断絶性を認めない[27]」。此土と彼土、つまり現実の世界とそれを超えた世界とのあいだには連続性だけでなく、断絶性も存在するというのが武内の理解であった。存在の意味を現実に存在する人間の側から明らかにしようとしたハイデガーと、人間が存在する意味を現実の世界を超越したものとの関わりで明らかにしようとした武内のあいだには大きな違いも存在したのである。

汝との遭遇

「浄土の将来」とは、有限なものの側から言えば、この有限な次元において無限なものに遭遇することであると言うことができる。このとき無限なものは「汝」として現れてくると武内は言う。「親鸞思想の根本問題」（一九九一年）のなかで武内は次のように述べている。「浄土は将来にあるのではなくて、将来から現在に将来している。現在が現在としてあるというときに、いつでも浄土は現在に将来している。将来から現在にという形で、浄土が、阿弥陀仏が、ここにあなたとして来ている、というのが「汝」というものの本来の姿である[28]」。

われわれはさまざまな意味で、そしてさまざまな文脈で「汝」という言葉を用いる。しかし本来「汝」という言葉が指し示すのは、この現実の世界へと現れ来たり、目の前にいる「あなた」として私に相対している無限なもののことだと武内は言うのである。しかし、無限なものがわれわれに対して「汝」として現れ来たるというのは、いったいどのような事態なのであろうか。

その点に関して武内は『教行信証の哲学』のなかで次のように述べている。「このような未来がその現(存)在との絶対の対立性のままで現在に将来し[29]、現(存)在に自己を遭遇対面せしめ、己れの絶対的超越性によって現(存)在を震撼せしめつつ、己れに対して従うか否かの決断を現(存)在に強調する場合が、宗教的実存の賭である[30]」。われわれは無限なものとの遭遇を自分の意志で自由に選ぶのではない。われわれは無限なものによって言わば否応なく「遭遇対面せしめ」られるのである。そして絶対的な超越性をもった無限なものからわれわれは「震撼せしめ」られる。有限なものの有限性を、あるいは「無」性を白日のもとにさらされる。そこでわれわれは「わたしのもとへ来たれ」という呼び声を聞く。そしてその抜き差しならない問いに対して「はい」と答えるか「いいえ」と答えるか、決断を迫られる。自己を「汝」に委ねるか否か、自己の存在そのものに関わる態度決定を求められる。

賭としての宗教的実存

この全存在をかけての態度決定を迫られる自己、そしてそこで否か応かを決断する自己を武内は「宗教的実存」という言葉で表現するとともに、その決断が同時に「賭」であることを述べている。この決断によってもたらされる結果をわれわれは予め知ることができないからである。この「賭」という表現は、信仰の問題を一つの賭としてとらえたパスカルの思想を踏まえたものと考えられる。パスカルは『パンセ』のなかで、「神が存在するか、しないか」という問題は、理性の能力を超えた問題であり、理性はどちらにも決することができないとしている。人間にできるのは、そのどちらかに賭けることだけであると述べている[31]。

「わたしのもとへ来たれ」という阿弥陀仏の呼びかけに対して、「はい」と答えるにせよ、「いいえ」と答えるにせよ、この場合も、その決断の結果をわれわれは予め知ることはできない。その意味で、その決断は一つの「賭」である。われわれはわれわれの全存在を賭して「はい」か「いいえ」を選ばなければならない。宗教的な生においては、われわれはつねにこの全存在を賭した決断を迫られている。どこか高みに、したがって安全な場所に身を置いて「はい」か「いいえ」かを選ぶのではない。宗教的な実存とは、こののっぴきならない決断のことを意味している。それは「賭」であるとしても、遊戯ではない。この「賭」には、自分の存在そのものが賭けられているのである。

この全存在を賭した決断ということを、今日、われわれは真剣に考えているであろうか。それこそかつて親鸞やパスカルなど、すぐれた宗教者が——それこそ全存在を賭して——問題にしたことではなかったであろうか。親鸞やパスカルの著作はこの問いをわれわれに突きつけているように思われる。

「よき人」との出会い

いまも見たように、武内は、浄土が将来するとき、無限なものは「汝」として現れてくると言う。それは、宗教的な実存における有限なものと無限なものとの遭遇という出来事が、一個の人格的な関わりであることを示している。呼びかけるものとそれに答えるものとの関係、呼応関係がそこに成立する。それこそが無限なものの「将来」という事態であると言ってよい。絶対的な他者が私に語りかけるものとして、つまり、「汝」として将来するのである。そこに信仰の場が開かれる。

この「汝」との遭遇は二重であると言ってもよい。先ほど武内が「超越はそれで此岸から彼岸へと、彼岸から此岸への二つの作用の遭遇でなければならない」と述べていることを紹介したが、その遭遇を武内は此岸と彼岸との架橋としても理解している。「一つの橋が両岸をつなぐように、此岸と彼岸を結ぶ超越の橋がある。それが宗教的意味の遭遇、親鸞一人の立場でいえば、よき人・法然との出会いである。すなわち後に述べるように……往相と還相として彼岸から此岸へと、名号が架橋せられることである[32]」。

「名号とは何か」ということについては次章で詳しく見てみたいが、まず、此岸と彼岸との架橋が「よき人」との出会いとして果たされたという点に注目したい。先に、信仰はその本質において「決断」であるということを言ったが、それはまさに、此岸と彼岸とが架橋されたときに成立する。そしてその架橋はある個人との出会いを通して成立する。親鸞の場合で言えば、「決断」は法然と出会うことによってはじめてなされたのである。念仏によってのみこの迷いの世界から逃れることができると、ただひとすじに述べる法然に出会うことを通して、「うけたまはりさだめて候ひし」という決断が生まれたのである。そして法然の言葉を真実として受けとめた瞬間、その「とき」は、釈尊の教えに、そして阿弥陀仏の慈悲の心に包まれた「とき」でもあったと言うことができる。そこで親鸞は釈尊に、そして阿弥陀仏に出会ったのである。その意味で「汝」との遭遇は二重に（あるいは三重に）なっている。『歎異抄』（二）の、「親鸞におきては、ただ念仏して弥陀にたすけられまゐらすべしと、よきひと（法然）の仰せをかぶりて信ずるほかに別の子細なきなり」（『聖典』八三二頁）という言葉は、親鸞が法然を通して釈尊に、そして阿弥陀仏に出会ったことをよく示している。

宗教における「決断」は何の根拠もなく、ただやみくもになされる選択ではない。確かな根拠をもつ。しかしそれは論理から導きだされた結論ではない。文字通り、その真理性への直観に基づく決断である。その直観を支えるのが「よき人」との出会いであると言うことができる。それは言うまでもなく「よき人」でなければならない。「よき人」のみが選択の真理性を確かなものにするのである。

この出会いは曽我量深が用いた表現で言えば、「伝承」と言ってもよいかも知れない。曽我量深は『伝承と己証』（一九三八年）のなかで、「伝承」と「己証」という概念を用いて信仰とは何かということを明らかにしようとした。「伝承」とは、自らの信が、「過去無数の聖賢の自覚遍くわれに感応」[33]するということを通して成立することを指す。それに対して己証とは、過去の聖賢の自覚、その教えを自分自身のものとしていく道程を指す。伝承されたものを自らのなかで確証し、その確証された真理を自ら生きていくということである。

ここで重要なのは、伝承との出会いが、過去の聖賢の自覚に感応することを通して、一言で言えば、「汝」との出会いを通して成立するという点である。それが親鸞の場合には法然との出会いであった。その出会いを通して決断がなされたのである。まさにそのとき、「摂取不捨の利益にあづけしめたまふなり」ということが生起したのである。[34]

(1) キェルケゴール『キリスト教への修練』、『原典訳記念版キェルケゴール著作全集』13（山下秀智・國井哲義訳、創言社、二〇一一年）二七六頁。

(2)『原典訳記念版キェルケゴール著作全集』13一〇二頁。

(3)『西田幾多郎全集』第三巻四二四頁。

(4) そのように言われるとき、「無」は「対象化することのできない自己」という意味を超えて、われわれが経験しうるものすべてをその限定によって可能にするもの、ないしその限定を可能にする「場所」という意味で理解されている。

(5)『西田幾多郎全集』第五巻一〇五、一四三、二六七頁などを参照。

(6)『西田幾多郎全集』第五巻一一七頁。

(7)『西田幾多郎全集』第五巻一六六頁。

(8)『西田幾多郎全集』第五巻三二四頁。

(9) 伊東恵深『親鸞と清沢満之——真宗教学における覚醒の考究』（春秋社、二〇一八年）一八頁を参照。

(10) 鈴木大拙『浄土系思想論』「浄土観・名号・禅」、『鈴木大拙全集』（岩波書店、一九六八—一九七一年）第六巻一一三頁。

(11) 同じ消息第一通において親鸞は、「臨終まつことと来迎往生といふことは、この定心・散心の行者のいふことなり」とも述べている（『聖典』七三六頁）。「定心・散心の行者」とは、心を乱すことなく一心に修行する人と、さまざまなことに関心を向け気が散った状態で善を修めようとする人を指す。

(12) 鈴木大拙『浄土系思想論』「我観浄土と名号」、『鈴木大拙全集』第六巻二九三頁。

(13) 鈴木大拙『浄土系思想論』「浄土観・名号・禅」、『鈴木大拙全集』第六巻一二一―一二三頁。
(14) 鈴木大拙『浄土系思想論』「浄土観・名号・禅」、『鈴木大拙全集』第六巻一一〇頁。
(15) 曽我量深選集刊行会編『曽我量深選集』(彌生書房、一九七〇―一九七二年)第十一巻一〇四頁。
(16) 鈴木大拙ほか『親鸞の世界』(真宗大谷派宗務所出版部、一九六四年)二八四頁。
(17) 『正信念仏偈聴記』、『曽我量深選集』第九巻七五頁。
(18) 安富信哉『親鸞・信の教相』(法藏館、二〇一二年)一六〇頁。
(19) 武内義範『親鸞と現代』三九―四〇頁、『武内義範著作集』第二巻三三頁参照。
(20) この「超越的に将来する者」という表現は理解が容易ではないが、以下で見るように、武内が「浄土の将来」というときの「将来」という言葉のなかに、「まさに来たれり」という意味とともに、同時に「未だ来たらず」という意味を見てとっていたことに関係していると考えられる。
(21) 武内義範『親鸞と現代』四二―四三頁、『武内義範著作集』第二巻三六頁。
(22) 武内義範『親鸞と現代』一二四頁、『武内義範著作集』第二巻九四―九五頁。
(23) 武内義範『教行信証の哲学』(新装版)一三七頁、『武内義範著作集』第一巻一〇八頁。
(24) Martin Heidegger, Sein und Zeit. Tübingen 1972, S. 325. 武内義範『親鸞と現代』一六〇頁、『武内義範著作集』第二巻一二〇頁参照。
(25) 武内義範『親鸞と現代』一六〇頁、『武内義範著作集』第二巻一二〇頁。
(26) 武内義範『親鸞と現代』一五九頁、『武内義範著作集』第二巻一二〇頁。
(27) 武内義範『教行信証の哲学』(新装版)一三七頁、『武内義範著作集』第一巻一〇八―一〇九頁。
(28) 武内義範「親鸞思想の根本問題」、『武内義範著作集』第一巻三七三頁。

(29) この「絶対の対立性のままで現在に将来し」という表現もむつかしいが、先の注(20)を参照されたい。
(30) 武内義範『教行信証の哲学』(新装版)一三七頁、『武内義範著作集』第一巻一〇九頁。
(31) パスカル『パンセ』(Blaise Pascal, Texte établi par Louis Lafuma, préface d'André Dodin. Paris 1962)、ブランシュヴィク版断章二三三、ラフュマ版断章四一八。
(32) 武内義範『親鸞と現代』四〇頁、『武内義範著作集』第二巻三四頁。
(33) 『曽我量深論集』第三巻『伝承と己証』(丁子屋書店、一九四八年)五五頁。
(34) 感応するためには、もちろん自分自身が熟していなければならない。この問題についてここで詳しく論じることはできないが。

6　親鸞と言葉の問題

私と汝とのあいだの呼応

第5章で、宗教的な実存における有限なものと無限なものとの関わりが一箇の人格的な関わりであること、言いかえれば、そこに呼びかけるものとそれに答えるものとの関係、つまり呼応関係が成立するということを言った。本章ではそれがいかなる関係であるのかを少し詳しく見てみたい。

前に触れた『歎異抄』の「煩悩具足のわれらは、いづれの行にても生死をはなるることあるべからざるを、あはれみたまひて願をおこしたまふ本意……」という言葉が示すように、阿弥陀仏の救済の誓いは、煩悩に縛られ、救いの力や手立てをもたずに苦しむ人々の声、声なき声に耳を傾け、それをあわれむところから出発していると言うことができる。その声なくしては、本願もないのである。

たとえば曽我量深も一九三三年に出版した『本願の仏地』の「第一講 下」のなかで、「如来の本願招喚の勅命とは何ぞや」という問いを立て、はたしてこの如来の呼び声は、外から、われわれが知らないどこか彼方から響いてくるのであろうか、ということを問題にしている。そして如来と衆生との関係を親と子との関係に喩え、次のように述べている。「子が親を呼ぶ声の外に親の子を呼ぶ声はない」。外に仏を求めていくのではなく、「吾々が親さまを呼ぶといふことそのことが親さまの喚び声である」ということに目覚めること、言い換えれば「本当の真実の自己に目覚める」ことが「如来の本願招喚の喚び声」であると記している。(1)「子が親を呼ぶ声」と「親の子を呼ぶ声」とは別々のものではなく、一体であるというのが曽我の理解であったことがわかる。両者を切り離してしまっては、宗教は空虚な営みになってしまうのではないだろうか。

仏の願いと誓いが結晶した名号

ここで言われているように、「子が親を呼ぶ声」と「親の子を呼ぶ声」を切り離すことはできないが、さしあたって「親の子を呼ぶ声」の方からこの両者の関係を見てみたい。まずこの「親の子を呼ぶ声」を具体的にどのように理解すればよいであろうか。本願のなかに示された、わたしを心から信じて、わたしの国に来たれという言葉（招喚の勅命）がそれであると言ってよいであろう。つまり、これまでも取りあげてきた『無量寿経』の第十八願で言われている「わたしの国に生まれたいと願ってわが名を称えよ」という呼び声がそれであると考えることができる

（『教行信証』「信巻」では、「欲生といふはこれ如来、諸有の群生〔この世に生を受けたすべての人〉を招喚したまふの勅命なり」（『聖典』二四一頁）と言われている）。

なぜ阿弥陀仏の名を称えよと言われるのであろうか。その点について親鸞は『歎異抄』（一一）のなかで、「誓願の不思議によりて、やすくたもち、となへやすき名号を案じいだしたまひて、この名字をとなへんものをむかへとらんと御約束あることなれば……」（『聖典』八三八頁）と述べている。心に残り、称えやすいという理由で、名号、つまり「南無阿弥陀仏」という名号を考えだしたということがここで言われている。わたしを心から信じて、わたしの国に来たれという呼びかけに答える道がそれによって具体的に示されたと言ってよいであろう。そこに親鸞は悪世から逃れる手立ても縁ももたない人々が救われる可能性を見いだしたのである。

ただ、いま引用した文章だけを読むと、名号とは、仮に考えだされた名前であるような印象を受ける。しかし、そうではなく、「南無阿弥陀仏」という名号は、単なる名前ではなく、すべての人々を救いたいという仏の願いと誓いが言わば結晶した言葉であると言うことができる。

そのことを親鸞の『一念多念証文』のなかの文章を手がかりに見てみたい。少しわかりにくいタイトルであるが、法然の門下で起こった一念（一念義）か多念（多念義）かという教学上の論争を踏まえている。前者の立場が、浄土への往生は信心だけで、あるいは一声の称名だけで決まるとするのに対して、後者の方は、臨終にいたるまで数多くの念仏を称えなければならないと主張する。この論争をめぐって法然の弟子であった隆寛が『一念多念分別事《ふんべつのこと》』を著して、一念ないし多念に固執することを誡めた。親鸞の門下でもこれをめぐって議論があったようで、この隆寛の書で引用されている文章を取りあげ、それに注釈を施したのが『一念多念証文』である。その末尾で親鸞は「浄土真宗のならひには、念仏往生と申すなり、まつたく一念往生・多念往生と申すことなし」（『聖典』六九四頁）と記している。

さて、そこで親鸞は次のように述べている。「真実功徳と申すは名号なり。一実真如の妙理、円満せるがゆゑに、大宝海にたとへたまふなり。一実真如と申すは無上大涅槃《だいねはん》なり。涅槃すなはち法性《ほっしょう》なり、法性すなはち如来なり。宝海と申すは、よろづの衆生をきらはず、さはりなくへだてず、みちびきたまふを、大海の水のへだてなきにたとへたまへるなり。この一如宝海よりかたちをあらはして、法蔵菩薩となのりたまひて、無碍のちかひをおこしたまふをたねとして、阿弥陀仏となりたまふがゆゑに、報身《ほうじん》如来と申すなり。これを尽十方《じんじっぽう》無碍光仏となづけたてまつれるなり。この如来を南無不可思議光仏とも申すなり。この如来を方便法身とは申すなり。方便と申すは、かたちをあらはし、御《み》なをしめして、衆生にしらしめたまふを申すなり。すなはち阿弥陀仏なり」（『聖典』六九〇―六九一頁）。

いろもかたちもない法性

法性には――「法性」とは存在の真実なる本性のことであるが、この法性と方便については次の節で述べることにしたい――かたちがない。『唯信鈔文意』では、「仏性すなはち法性なり、法性すなはち法身なり。法身はいろもなし、かたちもましまさず。しかれば、こころもおよばれず、ことばもたえたり」（『聖典』七〇九―七一〇頁）と言われている。存在の真実にして不変の本性はいろもかたちもなく、われわれの理解能力を超えたものであり、言語で表現することはできない。そのゆえに、「衆生にしらしめたまふ」ために、「阿弥陀仏となりたまふ」。阿弥陀仏という形をあらわすことは、阿弥陀仏という「御な」を示すことでもある。名号とはこの名のりを意味する。しかし、いまも言ったように、この阿弥陀仏という名前は便宜的に付けられた名前ではない。「名号」は、他の言葉がそうであるように、何か別のものを指し示す記号ではない。それ自身が阿弥陀仏なのである。そこでは阿弥陀仏自身が言葉になっている(2)。両者のあいだには実体とそれに貼られたラベルという関係はない。両者は一体であり、区別することができない。衆生を救済しようという意志そのものがこの名号となっていると言ってもよい。そういう意味でそれこそが真実の功徳であると言われるのである。『歎異抄』では「名号不思議」という言い方がされているが、それは、名号が単なる言葉ではなく、人間の理解を超えた真理が具体的なものとなったものであり、衆生を救済しうる大きな力をそのうちに蔵していると考えられたからである。

そういう観点から興味深いのは、親鸞が自ら記した名号の掛け軸において、名号が蓮華の台《うてな》の上に立つように書かれている点である。仏自身が言葉となったという理解を親鸞がもっていたことを示すものと言ってよいであろう[3]。

法性法身と方便法身

いま引用した『一念多念証文』の文章のなかにおいて、「一実真如」が涅槃であり、法性であることが言われたあと、形をあらわし、名前を示した阿弥陀如来が「方便法身」であることが言われていた。如来の原語、tathāgata は、もともとは「そのように行きし者」、「修行を完成して立派な人[4]」を意味したが、大乗仏教では、絶対の真理（如）から（あるいはそれに従って）人々

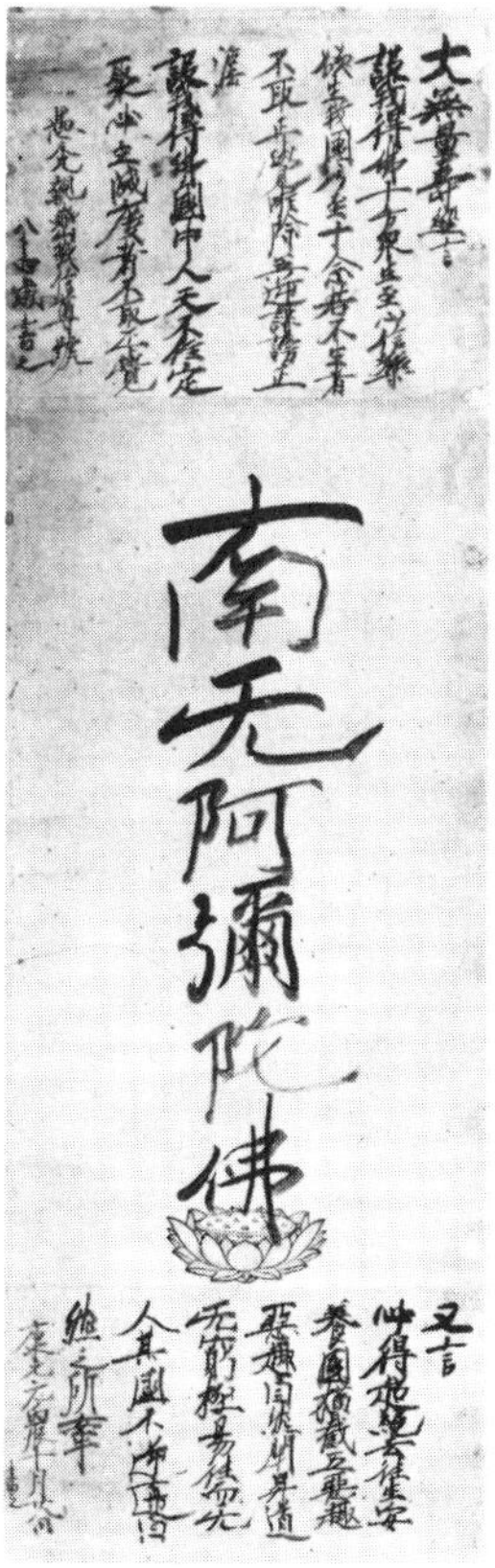

親鸞筆「六字名号」
（西本願寺蔵）

を救うために、現れ来たった人という意味で使われるようになった。その意味がここでは踏まえられている。「方便」(upāya)は巧みに生みだされた(考えだされた)手立て、はかりごとという意味で用いられていた言葉であるが、ここでは衆生を救うための巧みな手段という意味で使われている。その手立てとして、真如が形をもって現れたのが阿弥陀仏であるというのである。

それに対して「一実真如」、つまり法性はすべてのものの不変の本性、真理(法)そのものを指す。それは無相であり、それには色も形もない。それが衆生を救うために名を示し形を現したものが方便法身である。この区別は曇鸞から来ている。曇鸞は『往生論註(浄土論註)』のなかで、阿弥陀仏の浄土の「広略相入《こうりゃくそうにゅう》」を論じるなかで、この区別について語っている。広略というのは、それぞれ、一つの事象を細かく区別し、広く具体的に示したもの(広門)と、そのような区別以前のすべてのものを貫く普遍の真理(略門)とを指す。世親の『浄土論』のなかで浄土のうるわしい姿がくり返し説かれているが、曇鸞は『往生論註』で、その荘厳(広)は真実の智慧、法身である一法句《いっぽっく》(真理を説いた一つの句。略にあたる)から生まれたものであり、浄土の荘厳はそのなかに収まることを述べている。略から広が生じるのであるが、略が何であるかは、広によってはじめて示される。この関係が「広略相入」である。

なぜこの関係が成立しうるのかを曇鸞は次のように説明している。「諸仏・菩薩に二種の法身まします。一には法性法身、二には方便法身なり。法性法身によりて方便法身を生ず。方便法身によりて法性法身を出《いだ》す。この二の法身は異にして分つべからず。一にして同《どう》ずべからず」（『七祖篇』一三九頁）。曇鸞はここで言われる「方便」について、次のような説明を加えている。「正《しょう》直《じき》を「方」といふ。外己《げこ》を「便」といふ。正直によるがゆゑに一切衆生を憐愍《れんみん》する心《しん》を生ず。外己によるがゆゑに自身を供養し恭敬《くぎょう》する心を遠離《おんり》す」（『七祖篇』一四六頁）。「方」とは、正直、つまり偏りなく平等であるという真如にかなったあり方を意味し、「便」とは、己れのことをまず措いて、他の存在のことを先にすることを意味する。したがって「方便」とは、まず何より自分自身について配慮し、自分を尊重するということを避け、苦しむ人々をいつくしみあわれむことにほかならない。そして「方便法身」とは、本来は具体的な形をもたない、空そのものである法性が、苦しむ衆生をいつくしみあわれんで、その救済のために仮の姿をとって形ある世界に現れたその姿、その仏身を指す。

救済への意志を内包する法性法身

いまの引用文で注目すべきは、曇鸞が「この二の法身は異にして分つべからず。一にして同ずべからず」と述べている点である。法性法身は救いを探し求める衆生とまったく接点をもたない絶対の無のようなものではないのである。法身そのものが言わば救済への意志とでも呼ぶべきものを内包しており、そのためにそれは、苦しむ衆生を救うために具体的な形をとってこの世に現れる（あるいは現れざるをえない）のである。自らの「かたち」を示し、苦悩する人々に手をさしのべるからこそ「法身」である。方便となりうるもののみが法性であると言ってもよい。しかし逆の観点から言うと、法性が何であるかを示すのは方便である。「法性法身によりて方便法身を生ず。方便法身によりて法性法身を出す」という文章はこの二つの面を言い表している。

先ほど方便について「仮の姿をとって」という言い方をしたが、それはすぐに移ろっていく単なる仮象ではない。むしろ、いのちをもったもの、リアリティをもった真理の現れであると言うことができる。法性法身と方便法身とを切り離して考えることはできないのである。両者は、文字通り、不一不二の関係にある。

親鸞は『教行信証』「証巻」でいま引用した曇鸞の文章を引いたあと、さらに次のように付け加えている。「法性寂滅《じゃくめつ》なるがゆゑに法身は無相なり。無相のゆゑによく相ならざることなし」（『聖典』三二二頁）。法身はその本性において静寂に帰し、あらゆる具体的な姿を離れている、しかしまさにそのゆえに、つまり相をもたないがゆえに、相となり、形をもちうるのである。無相であるがゆえに、自在に相をもち、「かたち」となるのである。しかし、そうすることによって自己を失うのではない。「かたち」となったものが逆に無相のもののリアリティをそこで示しているからである。相が無相の無相であるゆえんを際立たせるのである。二が「異にして分つべからず」、「一にして同ずべからず」というのは、このことを指す。

「南無」の意味

さて、以下では名号の問題を中心に親鸞の信仰の特徴について考えていきたい。

『一念多念証文』のなかで親鸞は人間の思いやはからいを超えた阿弥陀仏の絶対の徳を表す「不可思議光仏《ふかしぎこうぶつ》」という名を「南無《なも》不可思議光仏」とも表現しているが、同様に、阿弥陀仏を「南無阿弥陀仏」とも言い表している。たとえば『正像末和讃』では、「南無阿弥陀仏の回向《えこう》の／恩徳広大《おんどく》不思議にて／往相《おうそう》回向の利益には／還相《げんそう》回向に回入《えにゅう》せり」（『聖典』六〇九頁）と言われている。このように親鸞は阿弥陀仏という表現と南無阿弥陀仏という表現を区別しないで使っている。

なぜそれが可能であったのであろうか。それを考えるために、あらためて「南無」の意味に注目したい。「南無」には二つの意味があると考えられる(5)。たとえば『教行信証』「行巻」において、善導の『観経疏』「玄義分」の「「南無」といふはすなはちこれ帰命なり、またこれ発願回向（阿弥陀仏が衆生を救おうという願いを起こし、自ら積んだ功徳を衆生に振り向けること）の義なり。「阿弥陀仏」といふはすなはちこれその行なり」（『七祖篇』三二五頁）が引かれ、それについて「帰命は本願招喚の勅命なり。発願回向といふは、如来すでに発願して衆生の行を回施したまふの心《しん》なり」（『教行信証』「行巻」、『聖典』一七〇頁）と注釈が加えられている。ここでは「南無」とは「帰命」であり、「帰命」とは「勅命」であるということが言われている。つまり「南無」

とはわたしの国に生まれたいと思ってわが名を称えよという阿弥陀仏の呼び声であり、命令である。そして衆生救済の本願を起こした阿弥陀仏の慈悲はすでに衆生に振り向けられ、名号を称えるという行のなかに具体化されているということが言われている。つまりここでは「南無」は阿弥陀仏の側からの働きかけとして理解されている。

それに対して、たとえば「行巻」の最後に置かれた「正信偈」の冒頭では「無量寿如来に帰《き》命《みょう》し、不可思議光に南無《なむ》したてまつる」とある。ここでは阿弥陀仏の呼び声を心から信じ、まごころを込めて帰順するという意味で言われている。衆生の側からの応答を表現したものと解することができる。

まず第一の点に関して言えば、「阿弥陀仏」が「南無阿弥陀仏」と呼ばれているのは、それが単なる名前ではないということを示すためであると考えられる。それはたまたま付与されたレッテルではない。そこには、わたしの国に生まれたいと思ってわが名を称えよという呼び声、ないし命令という意味が込められている。別の言い方をすれば、救済の意志がこの「南無阿弥陀仏」という名号には込められている。「南無」という言葉はまさにそのことを示している。そういう意味で「南無阿弥陀仏」は単なる言葉ではない。言葉となった仏であるというのがもっとも適切な理解ではないであろうか。阿弥陀仏自身が言葉になっているのである。親鸞が「阿弥陀仏」とも表現し、「南無阿弥陀仏」とも表現するのは、両者が同じものであるからである。

「南無阿弥陀仏」という名号は、いま見たように、一方では阿弥陀仏からの衆生に対する働きかけを示すものであるが、他方では、その働きかけに衆生が答える言葉でもある（この点については、あとでさらに詳しく見てみたい）。この二重の関係、つまり応答関係がこの一つの言葉のなかに表現されている。[6] 一方では、仏が自ら言葉となり、言葉として自らを示したのであり、他方では、衆生が仏の呼び声を聞いて、自ら言葉となったのである。この二重の関係が名号のなかで一つになっている。阿弥陀仏の名号のなかの「南無」という言葉には、この二重の関係が映っている。それは呼びかけであり、勅命であるとともに、帰命であり、帰順でもある。

「聞く」ということ――「信の一念」と「行の一念」

さてこの仏の名のりである名号は衆生にどのように受けとめられるのであろうか。そしてそれがどのようにして衆生の称える言葉になっていくのであろうか。

この点に関して親鸞は「聞く」ということに注目している。『教行信証』「信巻」において親鸞は、『無量寿経』の「あらゆる衆生、その名号を聞きて、信心歓喜《かんぎ》せんこと乃至《ないし》一念せん。至心に回向したまへり。かの国に生れんと願ずれば、すなはち往生を得、不退転に住《じゅう》せん」（『聖典』四一頁）という文章に解釈を加えているが、そこで、「「聞《もん》」といふは、衆生、仏願の生起本末を聞きて疑心あることなし、これを聞といふなり」（『聖典』二五一頁）と記している。仏が衆生救済の誓願を立てられた意図やそれによって衆生が救われつつあることを聞いて、いささかの疑いもなく、心から信じることが「聞く」ということであると言われている。つまり、「聞く」ということは、全面的に受け入れることであり、心から信じることであると言うことができる。

いまの引用で「あらゆる衆生、その名号を聞きて、信心歓喜せんこと乃至一念せん」と言われていたが、名号を聞いたそのとき、いっさいの疑いなく、それを信じる心が生まれ、喜びに満ちあふれる。前に述べた「とき」——宗教的時間——がここに生まれる。「一念」とはこの宗教的時間のことを指す。信心が生まれる時間であり、「信の一念」と呼ばれる。『一念多念証文』では「きくといふは、信心をあらはす御《み》のりなり」（『聖典』六七八頁）と言われているが、このように親鸞においては、信心は「聞く」ということのうえにはじめて成立すると考えられていたと言うことができる。

さらにまた『無量寿経』の「弥勒付属《みろくふぞく》」の文においては、「それかの仏の名号を聞くことを得て、歓喜踊躍《ゆやく》して乃至一念せんことあらん」（『聖典』八一頁）と言われている。親鸞は『教行信証』「行巻」においてこの文を解釈して、「いま弥勒付属の一念はすなはちこれ一声《いっしょう》なり。一声すなはちこれ一念なり。一念すなはちこれ一行なり。一行すなはちこれ正行なり。正行すなはちこれ正業なり。正業すなはちこれ正念なり。正念すなはちこれ念仏なり。すなはちこれ南無阿弥陀仏なり」（『聖典』一八九頁）と記している。ここからも明らかなように、この「一念」は一声の称名念仏のことを指す。その意味で「行の一念」と呼ばれている。

仏の呼び声に対する衆生の呼応としての称名

以上で見たように、親鸞においては、信仰の根底にまず「聞く」ということが置かれている。それは仏の呼び声を聞くことでもあるが、同時にその慈悲の心や本願の力を如来の名として受けとることでもある。そこに信が生まれる。その喜びのなかで阿弥陀仏の名前が称えられるのである。この聞くことから称名にいたる一連のプロセスが、仏の呼び声に対する衆生の側の応答であると言うことができる。

信の一念と行の一念、すべての人を救いとろうという仏の誓いを聞いて、疑いの心がいっさいないことと、その誓いを聞いて一声名号を称えることとは、さしあたって区別されているが、親鸞は両者が一体であることを強調している。『御消息』（七）のなかで、「信の一念・行の一念ふたつなれども、信をはなれたる行もなし、行の一念をはなれたる信の一念もなし」（『聖典』七四九頁）と述べている。仏の名のりを聞くことがそのまま信の一念の成立であり、それがまた同時にそのまま称名の行でもあるのである。この切り離すことのできない行と信とが仏の誓いであることがこの書簡で強調されている。

ただこの衆生の応答は、人間が人間自身の理解に基づいて、その理解を人間の言葉で表現したものではない。この応答はただ仏の名のりを聞くところでのみ起こりうる。この名のりの言わば反響としてのみ成立しうる。先ほど『無量寿経』の「あらゆる衆生、その名号を聞きて、信心歓喜せんこと乃至一念せん」という文章を引用したが、そのあとの通常の漢文の読み方では「至心に回向し」と読まれる箇所を、親鸞は意図して「至心に回向したまへり」と読んでいる。このように通常の漢文の読み方では不可能な読み方をあえてしたのは、いま述べたような意味をそこに読み取ろうとしたからであろう。信の一念の成立は、仏がまごころをもってその功徳を衆生にふりむけたことによるという親鸞の理解がそこに込められている。

　親鸞はまた『教行信証』「行巻」の冒頭で、「つつしんで往相の回向を案ずるに、大行《だいぎょう》あり、大《だい》信《しん》あり。大行とはすなはち無碍光如来の名を称するなり。この行はすなはちこれもろもろの善法を摂《せっ》し、もろもろの徳本を具《ぐ》せり。極速《ごくそく》円満す、真如一実の功徳宝海《くどくほうかい》なり。ゆゑに大行と名づく」（『聖典』一四一頁）と述べている。往相の回向（詳しくは第8章を参照されたい）とは、浄土への往生の原因となる行と信とが如来の功徳や慈悲の心が振り向けられて実現されることを指す。大行はその慈悲の心から出た仏の名のりである名号でもあるが、同時にその慈悲の心に帰命し、喜びに満ちあふれて名号を称えることでもある。この仏の名を称えること自身、仏の回向によるがゆえに大行と言われるのである。

　親鸞が「聞く」ということを重視したことと、いま述べたこととは深く関わっていると考えられる。仏の呼びかけに対して「はい」と答えることは、人間自身の言葉による応答ではないということは、『歎異抄』（一一）では「念仏の申さるるも如来の御はからひなりとおもへば、すこしもみづからのはからひまじはらざるがゆゑに、本願に相応して実報土〔他力の信心を得たものが往生する真実の浄土〕に往生するなり」（『聖典』八三八頁）と表現されている。念仏は「自行《じぎょう》になす」行為、つまり自分自身の力によるものであるという意識をもってなす行為ではなく、どこまでも如来のはからいによるものであるというのである。このことを言うために、「聞く」ことの意味が強調されたと考えられる。

本願は名詞であるとともに動詞

先ほど、名号は仏から衆生に対する働きかけであると同時に、他方、その働きかけに衆生が答える言葉でもあると言った。一方では、仏が自ら言葉として自らを示すとともに、他方では、衆生が仏の呼び声を聞いて、自ら言葉となる、この二重の関係が成立する場が名号であると言った。しかし、なぜ仏が自ら言葉になることが、同時にまた衆生が言葉になることを可能にするのであろうか。

この点に関して曽我量深が『如来表現の範疇としての三心観』(7)（一九二七年）のなかで興味深い解釈を示している。そこで曽我は「名号が内に無限に名号する」と述べている。すぐにはわかりにくい表現であるが、それを曽我は名詞と動詞という文法用語を使って次のように説明している。人間が使う言葉には名詞も動詞もあるが、両者のあいだには明確な区別がある。しかし、仏の言葉については、そのすべてが名詞であると同時に動詞でもある、と曽我は言う。どういう意味であろうか。曽我によれば、仏の言葉は「常に内に向ってそれ自身の本願を表現せんとする」。それは「それ自身の徳を常に現し、それ自身の徳に住する」。そこでは仏の言葉、すなわち名号は名詞である。しかしそれは、それ自身のなかに住し、とどまるだけでなく、その徳を十方に出現させ、みちあふれさせる。そのとき仏の言葉は動詞である。そのとき、仏の言葉は衆生自身が称える言葉になっているというのである。

「名号が名号する」ということが可能なのは、名号が一つの言葉であるからだと言ってよいであろう。仏像にせよ、仏画にせよ、物にそのような働きを期待することはできない。言葉であるからこそ、仏の言葉が同時に衆生の言葉ともなりうるのである。そしてそれを可能にしているのは「南無阿弥陀仏」の「南無」であると言うことができる。「南無」の二重の意味がそれを可能にしていると言ってもよい。そのような名号の上に成り立った宗教として、浄土教は言葉の宗教であると言ってよいであろう。

諸仏称揚の願

『教行信証』「行巻」の冒頭で、先ほど述べたように、「大行とはすなはち無碍光如来の名を称するなり」と言われている。このように言われたあと、この段落で「しかるにこの行は大悲の願（第十七願）より出でたり。すなはちこれ諸仏称揚の願と名づく、また諸仏称名の願と名づく、また諸仏咨嗟《ししゃ》の願と名づく」（『聖典』一四一頁）と言われている。称名が「たとひわれ仏を得たらんに、十方世界の無量の諸仏、ことごとく咨嗟して、わが名を称せずは、正覚を取らじ」という阿弥陀仏の第十七願、つまり、わたしが仏になろうとするとき、すべての世界の数限りない仏がすべてみなほめたたえ、わたしの名を称えないならば、決してさとりを開かないという誓いから出ているというのであるが、理解するのがたいへんむつかしい箇所である。仏の名を称えることがこの願から出てきているというのはどういう意味なのであろうか。

親鸞は「行巻」の冒頭の部分と「信巻」の冒頭の部分において、相互に照らしあうような形で叙述を進めている（おそらく行と信とが切り離しえない一体のものであることを意識してのことであったと考えられる）。「信巻」の方では、「つつしんで往相の回向を案ずるに、大信あり」と言われたあと、「この心すなはちこれ念仏往生の願（第十八願）より出でたり。この大願を選択本願と名づく、また本願三心の願と名づく、また至心信楽の願と名づく、また往相信心の願と名づくべきなり」（『聖典』二一一頁）と記されている。第十八願には心から阿弥陀仏の呼び声に耳を傾け、それに帰順する衆生のすがたが描かれており、大信とこの願とのつながりは容易に理解することができる。しかし仏の名を称えることと第十七願とはどのように結びつくのであろうか。

この問題を考えるうえで重要な手がかりを提供してくれているのは、武内義範の論文「親鸞思想の根本問題」である。そのなかで武内は「行巻」において第十七願が引用されたあと、『無量寿経』の「われ仏道を成るに至りて、名声《みょうしょう》十方に超えん。究竟《くきょう》して聞ゆるところなくは、誓ひて正覚を成らじ」(『聖典』二四頁)」という言葉(重誓偈《じゅうせいげ》)などが引かれていることに注目している。阿弥陀仏の名号があらゆる世界を超えて、はてのはてまで聞こえるところのないようでなければ、決してさとりを開かないという阿弥陀仏の誓いがここで述べられている。諸仏の称名は衆生とまったく関わりのない行為ではなく、むしろその声はすべての人のもとに届き、聞かれるのである。仏の呼びかけに応えてその名を称えるという衆生の行為は、この諸仏の称名のなかでなされる。諸仏の声を聞きながら衆生はいっそうまごころを込めて阿弥陀仏の呼びかけに帰順し、その名を称えるのである。

親鸞は一人ひとりが称える念仏が孤立したものではなく、諸仏の称名と一体であることをこの「行巻」の冒頭の部分で示そうとしたのではないかと考えられる。そのことを武内は巧みな比喩で示している。十方の世界の諸仏が阿弥陀仏の功徳をほめたたえる声は、宇宙全体に響く交響楽、あるいはコーラスのようなものであり、そのなかに一人ひとりの称名も取り込まれ、全体として荘厳な音楽が奏でられ、響きわたると考えられる(8)。

このように親鸞は「大悲の願」を「聞く」という次元で捉え、諸仏と衆生との結びつきを明らかにし、仏の名を称えるという行為が大きな広がりをもった（宇宙全体を貫くコスモロジカルな）営みであることを明らかにしようとした。そこに親鸞の第十七願解釈の独自性があるように思われる。

言葉への不信

以上述べたように、浄土教においては、そして親鸞の信仰においては名号が、言いかえれば、言葉が大きな役割を果たしている。しかし、このように言葉に大きな役割を認めることは、東洋の伝統的な思想のなかでは必ずしも一般的なことではない。というのも、そのなかにはむしろ「言葉への不信」が根強く存在しているからである。

たとえば『老子』においても、事柄をその真実の相において把握するためには、「知」、つまり言葉によって作りあげられた世界理解の枠組みに依存するのではなく、むしろそれを制限として捉え、その根底に帰りゆかなければならないことが語られている。その上篇「体道第一」の冒頭で次のように言われている。「道の道とすべきは常の道にあらず。名の名とすべきは常の名にあらず。無名（名無き）は、天地の始めにして、有名（名有る）は、万物の母なり」。物を区別し、比較して、それに名前を付与すること、言いかえれば知こそが、われわれの世界の基礎である。それによって万物は育てられる。しかし名づけられるもの、ないし名づけられるものの世界を支えているもの、あるいはそれを可能にしているものは、知によっては、あるいは概念化の働きによっては捉えられない。そうしたことがここで言われている。

　仏教においても、言葉は方便にすぎないということが言われてきた。それがもっともよく見てとれるのは、大乗仏教の中観派の祖とされる龍樹（ナーガールジュナ）の『中論』のなかに出てくるプラパンチャ（prapañca）という言葉においてである。それは多くの場合「戯論」と訳される。もともとは「多様性」あるいは「多様性をもった現れ、発展」という意味の語であるが、『中論』のなかでは、「言葉の虚構性」を言い表す言葉として用いられている。

　たとえばその第十八章第五頌で次のように言われている。「行為（業）と煩悩とが滅びてなくなれば、解脱がある。行為（業）と煩悩とは分別的思考（vikalpa）より生じる。それは戯論（prapañca, 言葉の虚構）による。戯論（言葉の虚構）は空性《くうしょう》（śūnyatā）によって滅せられる」[9]。まず判断・推理する働きである vikalpa が虚構性をもった言葉に依拠していることが言われている。言葉が虚構性を有するのは、もともと区別がないところに区別をもちこみ、多様性がないところに多様性をもちこむからであり、加えて、その区別されたものが自立した、恒常不変な存在であるかのような思い込みを生みだすからである。その虚構性は行為や実践にも関わる。虚構性をもった言葉によって議論を組み立てていくことによって、人は悪しき行為を行うことになるからである。そして人は、さまざまなものによって心身をわずらわされることになる。このようにして煩悩の連鎖のなかに取り込まれていくのである。

名号は仏の誓い

以上で見たように、東洋の伝統的な思想のなかでは、多くの場合、言葉は分別の力によって世界を把握していくための枠組みないし道具であり、それによって生みだされた世界像は虚構性に満ちていると考えられてきた。

それに対して親鸞は、真なるものが言葉に現れると考える。そしてその言葉を「聞く」ときに信心が成立すると考える。言葉を軸にして、信仰の問題が考えられている。そこに親鸞の信仰の大きな特徴がある。

親鸞ももちろん一方では、先に引用した「法身はいろもなし、かたちもましまさず。しかれば、こころもおよばれず、ことばもたえたり」(『聖典』七〇九—七一〇頁)という『唯信鈔文意』の文章が示すように、言葉は真理そのものには及びえないという考えをもっていた。言葉の限界を十分に認識していた。

しかし他方、これもすでに引用したが、『一念多念証文』のなかで、親鸞は「方便と申すは、かたちをあらはし、御《み》なをしめして、衆生にしらしめたまふを申すなり」（『聖典』六九一頁）と記している。名号は阿弥陀仏が示した自身の「御な」である。しかもそこには「この名字をとなへんものをむかへとらん」という「御約束」（『歎異抄』、『聖典』八三八頁）が込められている。『唯信鈔文意』に「如来のちかひの名号」という表現があるが、名号には衆生救済の慈悲の心が込められている。名号はそれが具体的な形を取ったものだと言ってもよい。そういう意味でそれは単なる言葉ではない。言葉でありながら、言葉以上のものという性格をもつ。親鸞が言葉のなかに、われわれの通常の言葉が作りだす虚構の世界理解や価値観を打ち破る力を見いだしえたのは、その言葉が仏自身の「御な」であり、「ちかひ」であるという確信、つまり、それが言葉でありながら言葉以上のものであるという確信があったからだと考えられる。

そういう意味で親鸞の信仰はこの名号の上に打ち立てられていると言ってもよい。鈴木大拙もそのような観点から親鸞の信仰を見ている。一九四二年に発表した『浄土系思想論』のなかで次のように述べている。「名号の問題は浄土教学における根本問題の一つである。ある意味からすれば、唯一の根本問題ともいえる。何故かというに、この名号が会得せられると、それが直ちに信であり、一心であり、本願であり、浄土往生であり、還相回向であるからである。浄土教学の全機構は名号の上に築かれるといってよい(10)」。

先ほど見たように、親鸞は、名号を聞いたそのとき、いっさいの疑いなく、それを信じる心が生まれると考える。その信心が「無碍光如来の名を称する」という「大行」につながっていくのである。その意味で親鸞においては信心こそが「涅槃の真因」（『聖典』二二九頁）であり、「浄土宗の正意《しょうい》」（『聖典』六七三頁）であるとされる。そこに親鸞の信仰の大きな特徴がある。名号のなかに衆生の苦悩を救おうという声を聞き、それに心から信頼を寄せること、それがその核心であると言うことができる。

（1）『曽我量深選集』第五巻二四三―二四四頁参照。

（2）大峯顯は『親鸞のコスモロジー』のなかで、親鸞の浄土真宗とは、「仏が言葉であった」ということの発見であると言うことができると述べている。大峯顯『親鸞のコスモロジー』（法藏館、一九九〇年）一三三頁。また大峯顯『宗教と詩の源泉』（法藏館、一九九六年）に収められた「宗教の源泉――西田哲学と浄土真宗」（同書一三五頁以下）を参照。

（3）デニス・ヒロタがその著『親鸞――宗教言語の革命者』（法藏館、一九九八年）のなかでこの点を指摘している（同書一三五頁参照）。

（4）『ブッダ最後の旅――大パリニッバーナ経』中村元訳（岩波文庫、一九八〇年）二三九頁。

（5）この点については出雲路修『親鸞〈ことば〉の思想』（岩波書店、二〇〇四年）一一八頁以下参照。

（6）出雲路修『親鸞〈ことば〉の思想』一三二頁参照。

（7）『曽我量深選集』第五巻二一二頁。

（8）『武内義範著作集』第一巻三四七頁参照。

（9）梶山雄一『空の思想——仏教における言葉と沈黙』（人文書院、一九八三年）一二七頁。三枝充悳『中論——縁起・空・中の思想』（レグルス文庫、一九八四年）中四九一頁。

（10）鈴木大拙『浄土系思想論』、「他力の信心につきて——『教行信証』を読みて」、『鈴木大拙全集』第六巻二一八頁。曇鸞の『往生論註』には、「「無量寿」はこれ安楽浄土の如来〔阿弥陀如来〕の別号なり。釈迦牟尼仏、王舎《おうしゃ》城および舎衛《しゃえ》国〔コーサラ国〕にましまして、大衆《だいしゅ》のなかにおいて無量寿仏の荘厳功徳を説きたまへり。すなはち仏（阿弥陀仏）の名号をもつて経の体となす」とある。

7　宗教的言語としての名号

宗教的時間のなかで成立する名号

名号は言葉でありながら言葉以上のものであるとしても、それを実際に称えるのは一人ひとりの人間である。その意味では、「南無阿弥陀仏」はどこまでも人間が発する言葉である。どうしてそこに真実の功徳があると、あるいは衆生を救済しうる大きな力があると言えるのであろうか。

それはとても自然な疑問であるように思われる。しかし、称名のなかで称えられる仏の名、つまり「南無阿弥陀仏」と、われわれが日常生活のなかで用いる言葉とを比較したとき、両者のあいだには大きな違いがあるのではないだろうか。名号は、たとえば花屋に行って「赤いバラの花を一本ください」と言うときのように、意志を伝えるための道具として用いられる言葉とは性格を異にしている。また「雪が降ってきましたね」と言う場合のように、客観的な事実を描写する道具としての言葉とも異なる。そうした言葉はある状況のなかでのみ意味をもつ。「赤いバラの花を一本ください」という言葉は、それを買ってしまえば用済みになってしまう。「雪が降ってきましたね」という言葉は雪が雨に変われば、意味をもたなくなる。それらは時間の流れのなかのある時点でのみ意味をもちうる。それに対して名号は流れる時間とは無縁である。

第5章で宗教的な時間について述べたが、それは「永遠の今」という言葉が示すように、永遠なるものに触れたときに成立する、他と代替不可能な質をもった、通常の流れ去る時間を突破した時間である。名号はこの宗教的な時間のなかで成立する。この時間のなかで汝から私に語りかけられる言葉である。そしてそれは時間が流れても意味を失わない。また第5章で、われわれが宗教的時間において、言いかえればこの「いま」において永遠なるものに触れるとき、われわれの生き方が根本的に変わるということを言った。通常の時間のなかで時間を追いかけている自己、時間に追いかけられている自己が、「とき」の充実のなかで生きる自己に変わるということを言った。名号はこの自己の転換と深く関わっている。あるいはそれを可能にするものであると言ってよいであろう。そして名号は、この「とき」の充実のなかで生きる自己とともにありつづける。それは流れ去ることがない。

宗教的言語

この宗教的時間のなかで成立する言語をわれわれは宗教的言語（宗教言語）と呼ぶことにしたい。その特質について興味深い考察をした人に、新約聖書に関する数々の研究で知られる聖書学者の八木誠一がいる。八木は『宗教と言語・宗教の言語』（一九九五年）などの著作のなかで、われわれが目の前にしている物や出来事を客観的に記述する記述言語とは違った意味において宗教言語もまた動かしがたいリアリティをもつことを語っている。宗教言語は確かに、話し手と聞き手とが共有する客観的な事実を記述したものではない。したがってそれを聞き手が、あるいは第三者が検証することはできない。それはむしろ話し手が自己の内面において経験した事柄を言表したものであり、言わば表現言語という性格をもつ。詩がそうであるように、宗教言語によって語られる内容も、客観的に検証することはできない。しかしそれはただ単に根拠のない「虚」を言い表したものではない。そこでは「人間も自然も超えた働きがわれわれの全人格性を生かしているという経験」に基づいて、「人生でもっとも基礎的な、理解も確認も可能な現実」が表現されていると八木は考えている。(1)

『無量寿経』に記されている「あらゆる衆生、その名号を聞きて信心歓喜せんこと、乃至一念せん。……かの国に生れんと願ずれば、すなはち往生を得、不退転に住せん」（『聖典』四一頁）という釈迦の言葉も、また「身をたのまず、あしきこころをかへりみず、ひとすぢに……広大智慧の名号を信楽すれば、煩悩を具足しながら無上大涅槃にいたるなり」（『聖典』七〇七頁）という親鸞の言葉も、このような意味での宗教的な言語である。それらは、過去から未来に向かって均一に流れる時間のなかにおいてではなく、宗教的な時間のなかで語られた言葉なのである。名号がもつ救済の力はそのなかで発揮される。

宗教的な時間のなかで称えられる名号は単なる名前ではない。そのことを安田理深は「名は単に名にあらず」という言葉で表現している。安田は、ポール・ティリッヒが一九六〇年にコロンビア大学が主催した知的交流委員会の講演者として来日した際、大谷専修学院長を務めていた信国淳を交えて鼎談を行った。そこで安田はティリッヒに浄土真宗における「名号」の意味について語った。それに深い関心を抱いたティリッヒは短冊に“A name but not a name alone”（名は単に名にあらず）と記したという。このティリッヒとの会談は安田にとっても印象深いものであったようで、安田は二ヶ月後にこの「名は単に名にあらず」という題で講演を行った。そこで次のように述べている。

「名は単に名ではないということは、もう一ついうと、名は単に名である。そういう名において、単に名でないものを顕している。面倒な事であるが、名は、本来単に名であるものである。それにおいて名でないものを顕すのである。だから仮名を否定して真実というのではない。真実な名といっても、名が仮設安立されたものであることを否定して、名そのものが真実というのではない。仮設安立されたものを真実というのである」[2]。名は一面では確かに単なる名前である。しかし宗教的な時間のなかで称えられる名は、単なる名ではなく、名でないものを、つまり真なるものを表し、顕している。それは一面では仮名であるが、同時に真実でもある。しかし、仮名であるということを否定して、ただ単に真実であるというのでもない。真実の顕れとして、つまり方便として真実なのである。つまり仮名が、仮設安立されたものとして真実なのである。たいへん重要な点を指摘していると言えるであろう。

仏のはからいとしての念仏

もう一点、いま述べた点とも深く関わるが、名号が日常の言語と大きく異なる点として指摘しなければならないのは、それが自らの配慮や分別で称えるのではないとされている点である。先ほど引用した『歎異抄』（一一）でも「念仏の申さるるも如来の御はからひなりとおもへば、すこしもみづからのはからひまじはらざるがゆゑに……」と言われていたが、念仏は自らのはからいによるものではなく、どこまでも如来のはからいによるものだということを親鸞は強調する。

先に「行巻」の「如来すでに発願して衆生の行を回施したまふの心《しん》なり」という言葉を引用した。また、これも第4章で「名号」のことに触れた際に引いたが、『正像末和讃』「愚禿悲歎述懐」の第四首では、「無慚無愧のこの身にて／まことのこころはなけれども／弥陀の回向の御名なれば／功徳は十方にみちたまふ」（『聖典』六一七頁）と言われている。「南無阿弥陀仏」は「弥陀の回向の御名」であり、仏の本願力のはたらきが振り向けられたものであるというのである。

われわれはたまたまある本を読んでいて、そのなかに出てきた「南無阿弥陀仏」という言葉を口にするということもある。それは日常の時間のなかで語られた言葉である。それに対して、仏の「わたしの国に生まれたいと願ってわが名を称えよ」という呼び声を聞き、すべてのはからいを捨てて心から「南無阿弥陀仏」と称えるとき、それは宗教的な時間のなかで口にされた言葉である。先ほど『教行信証』「行巻」の、「一念すなはちこれ一行なり。一行すなはちこれ正行なり。正行すなはちこれ正業なり」という文章を引いたが、正業とは、まさにこの宗教的な時間のなかで称えられる「南無阿弥陀仏」であると言うことができる。そのような意味での称名にこそ、本願の働きが働きでるということが可能になる。それが働きでるとき、称名ははじめて称名でありうると言ってもよい。

自らのはからいが混じらない称名というのは、仏の言葉が言わば衆生に当たって生まれたこだまだと言ってもよいかもしれない。浅原才市の作った歌に、「明をご〔名号〕をわしがとなゑるじやない／わし二〔に〕ひびいてなむあみ太〔だ〕ぶつ」というのがある。名号がわたしに響いて「南無阿弥陀仏」が生まれるというのである。(3)

そのことを真宗学で用いられる「所行」という言葉で表現することもできるであろう。念仏はわたしがわたしのはからいで称える行為、つまり「能行」ではなく、仏のはからいが成就した、衆生からは受動形の行為、つまり「所行」であると言うこともできる。(4)

『歎異抄』（一〇）の「念仏には無義をもつて義とす」（『聖典』八三七頁）という言葉も、そうした点を表現したものと言うことができる。つまり、念仏は人間のはからいでなすものではないという点にその本義があるということがこの言葉によって表現されている。

念仏のもとにある自覚

称名が所行であるということは、それが単なる反射的な行為であるということではもちろんない。そこには信心がなければならない。阿弥陀仏の呼び声を心から信じ、まごころを込めてそれに帰順するということがなければならない。信心がもはや二心なく、一心となり、心からの喜びを感じたときに、称名という行為が生まれてくるのである。だからこそ「真実の信心はかならず名号を具す」（「信巻」、『聖典』二四五頁）と言われるのであるが、それは単なる機械的な反応ではない。そこには必ず自覚がある。その上に称名という行為が成立するのである。

親鸞は『教行信証』の「信巻」において、善導の『観経疏』の「自身は現にこれ罪悪生死の凡夫、曠劫《こうごう》よりこのかたつねに没しつねに流転して出離の縁あることなしと信ず」（『七祖篇』四五七頁）という言葉を引いている。これは「深心《じんしん》」、つまり「深く信ずる心」について説明した文章であるが、この「深く信ず」ということがその自覚であると言ってよいであろう。さらに『観経疏』ではいまの文に続いて、「決定《けつじょう》して深く、かの阿弥陀仏の、四十八願は衆生を摂受《しょうじゅ》したまふこと、疑なく慮《おもんぱか》りなくかの願力に乗じてさだめて往生を得と信ず」（同）と記されている。

この二つの自覚（いわゆる二種の深信《じんしん》、これについては次章を参照）に基づいて、名号を唱えるという行為が成立すると考えられる。

先に親鸞の七百回遠忌の年に金子大栄・曽我量深・鈴木大拙の三人が記念講演を行ったことに触れたが、そのとき、司会の西谷啓治を含めた四名によって座談会がもたれた。「親鸞の世界」というテーマのもとに本願や回向の問題をめぐって議論が交わされた。そのなかで先ほど触れた「帰命は本願招喚の勅命なり」という言葉が話題となり、西谷啓治が帰命とは単なる衆生の行為ではなく、そこには回向がはたらいている、つまり、「むこうからたまわる」という意味があると述べたあと、しかしそのむこうからのはたらきのなかに、「こちらの内、自分たちの内を通してそのはたらきが自覚されるということが、同時にこめられている」とも述べている。そこには自己についての自覚、つまり回向に生かされているという自覚があるというのである。この発言を承けて金子大栄は、この自覚を「照らし出されたという自覚」、「所照の自覚」という興味深い言葉で表現している(5)。この如来の慈悲によって照らしだされた自己の自覚から、「南無阿弥陀仏」という言葉が発せられると言えるのではないだろうか。つまり、称名念仏とは、如来の慈悲の心に包まれ、救いとられていることを自覚したことが具体的な形をとって現れでたものと言えるのではないだろうか。

衆生のなかの阿弥陀仏の光を照らし返すもの（仏性）

しかし、煩悩具足の凡夫、煩悩にまみれ悪に染まって清浄な心をもたない凡夫にどうしてそのような自覚が可能なのであろうか。なぜそもそもそのような凡夫に名号を「聞く」ということが可能になるのであろうか。なぜそれを聞いて、いささかの疑いもなく心から信じることができるのであろうか。なぜそれを聞いて、歓喜踊躍《ゆやく》して仏の名をとなえるということが可能になるのであろうか。前章で用いた呼応関係という表現を使えば、なぜ仏と衆生のあいだに呼びかけ、それに応えるというような関係が成立しうるのであろうか。

一つの明確な答えを示したのは、鈴木大拙である。「仏教における浄土教理の発達」と題した論考において大拙はまず、仏教におけるもっとも重要な要素は「正覚」(saṃbodhi)、つまり正しく完全なさとり得ることにあることを述べている。言いかえれば「解脱」(vimutti, vimokṣa)をすること、すなわち、煩悩に縛られた迷いの世界を脱し、真実をさとって自由になることがその根本であるというのである(6)。そのためにブッダは、人々が自ら道を求め、完全なさとりの境地にいたることをめざすべきことを説いた。死を間近にしてブッダは弟子に、他に頼るのではなく、自分自身を灯火（灯明）とし、よりどころとせよと説いたと言われている(7)。正覚を支えるもの、それを可能にするものは他者ではなく、自己自身であるというのがブッダの理解であったと大拙は考える。

この、自己がよりどころとすべき自己自身こそ、いま言った自覚を可能にするものだと言うことができるであろう。そのような観点から大拙は次のように述べている。「衆生は自己の中に阿弥陀の光を受取るもの、いはば阿弥陀の光を又照らし返すもの（これを仏性といつてよい）をもつてゐるのである」(8)。すべての衆生を救いとろうという阿弥陀仏の慈悲の光を受けとめるもの、あるいは照らし返すものが衆生のなかにあるというのである。それが仏と衆生のあいだの呼応関係を可能にしていると考えられる。それがなければ、仏の呼びかけを「聞く」ことも、それを心から信じることもかなわないであろう。

信心すなわち仏性

以上の点を踏まえて大拙はさらに、「この点からいふと、阿弥陀と衆生とは一つであり、相通ずるものをもつてゐるといへる。両者の間には同一性がある。さうしてこの同一性の思想は、真宗教義の中で最も根本的なものの一つである」(9)と述べている。これは単に自力の立場から真宗の教義を解釈したものではない。親鸞自身の言葉と重なる。親鸞は『唯心鈔文意』において、善導の『法事讃』（浄土教の儀礼について記したもの）の「極楽は無為涅槃の界《さかい》なり。随縁《ずいえん》の雑善《ぞうぜん》〔縁にしたがって行うさまざま雑多な仏道修行〕おそらくは生じがたし。ゆゑに如来（釈尊）要法を選びて、教へて弥陀を念ぜしむることもつぱらにしてまたもつぱらならしむ」（『七祖篇』五六四―五六五頁）の箇所に注釈を加えているが、そこで涅槃とは仏性であるということを述べたあと次のように記している。「仏性すなはち如来なり。この如来、微塵《みじん》世界にみちみちたまへり、すなはち一切群生海《ぐんじょうかい》の心《しん》なり。この心に誓願を信楽《しんぎょう》するがゆゑにこの信心すなはち仏性なり、仏性すなはち法性なり、法性すなはち法身なり」（『聖典』七〇九頁）。如来がこの世に生を受けたいっさいの衆生の心であることが言われている。そうであるからこそ衆生は如来の本願が真実であることをふたごころなく深く信じるのである。この信心そのものが仏性であり、法性であることが言われている。

　大拙は『浄土系思想論』のなかでも、衆生のなかに如来の光を照らし返すものがあることを述べ、それを「内なる弥陀」と呼んでいる。しかし、それはさしあたっては無明の闇のなかにある。親鸞もいま触れた『唯心鈔文意』で「無明のまどひをひるがへして、無上涅槃のさとりをひらくなり」（『聖典』七〇九頁）と記している。「内なる弥陀」が阿弥陀の光を照らし返すためには、それ自身が闇から目覚めなければならない。そのためには自己の根本的な翻りが必要となる（この点についてはあとでもう一度触れたい）。浄土教の信仰は、その翻りを求める真剣さに支えられてはじめて浄土教の信仰でありうるように思われる。

浄土はどこに？

いま見たように大拙は、阿弥陀と衆生とは一つであり、相通ずるものをもっている、両者のあいだには同一性があると言うのであるが、すぐには理解しがたいところがある。われわれは通常、煩悩に縛られた自分の不十分性を意識し、めざすべきものを自分の外に置いている。自らその不十分性を克服する力をもたない自分を救いとってくれる存在をかなたに見ている。しかし、曽我量深は『本願の仏地』のなかで、そのように救済の主体を外に求めていく態度を迷信として退けている。それに対して曽我は自らの理解を次のように表現している。「仏の正体といふものは信のそとにあるのではなく、信の内にある。我々の信仰の内に、我々の願として、我等の要求として……つまり仏さまの正体は信仰意識の内面、即ち……我々一切衆生の要求の中に仏さまの正体はおいでになるのであります。ちやうど言つてみれば、茲《ここ》に信といふものがあれば、この外に如来さまがおいでになつて、この仏さまを我々はどうぞと云つて礼拝してゐるやうに見える。けれどもこの仏さまの本当の正体といふものは、この信の内面においでになる。信の内面といふのは底の知れない信の内面といふものがある(10)」。

仏の正体は信の外にではなく「内にある」ということをどのように理解すればよいであろうか。この問いは「浄土とは何か」という問いとも深く関わっている。以下でこの点について考えてみたい。

先に述べたように、鈴木大拙は「仏教における浄土教理の発達」において、仏教がめざすのは「正覚」、つまり正しく完全なさとりを得ることであると述べている。それは親鸞においても同様である。浄土門ではたしかに浄土への往生ということが強調される。たとえば『教行信証』「行巻」においては、龍樹の『十住毘婆沙論《じゅうじゅうびばしゃろん》』に依って曇鸞が『往生論註』のなかで記した次の文章が引用されている。「易行道《いぎょうどう》とは、いはく、ただ信仏の因縁をもつて浄土に生ぜんと願ず。仏願力に乗じてすなはちかの清浄の土に往生を得しむ。仏力住持してすなはち大乗正定の聚に入る。正定はすなはちこれ阿毘跋致《あびばっち》〔不退転〕なり。たとへば水路に船に乗じてすなはち楽しきがごとし」（『聖典』一五五頁）。ここでは「かの清浄の土に往生を得しむ」と言われている。しかし、親鸞においても「正覚」がめざされていないわけではない。『教行信証』「証巻」では、阿弥陀仏の四十八願のうちに第十一願、つまり「たとひわれ仏を得たらんに、国中の人天《にんでん》〔人間と天人〕、定聚《じょうじゅ》に住し、かならず滅度《めつど》に至らずは、正覚を取らじ」が取りあげられ、その成就こそが「真実の証」であることが言われている。「滅度」とはニルヴァーナのことであり、「無上涅槃」とも言いかえられている。「正信偈」ではこの第十一願の成就が「等覚《とうがく》を成り大涅槃を証する」（『聖典』二〇三頁）ことにほかならないことが言われている。第十一願が成就すれば、そこに等覚、つまり阿耨多羅三藐三菩提《あのくたらさんみゃくさんぼだい》（anuttarā samyak-saṃbodhi）――中国語訳では無上正等正覚――が実現することが言われている。「無上正等正覚」とはこの上ない平等のさとりのことであり、正等覚とも等覚とも表現される。それは文字通り「正覚」のことである。

しかし有限で不完全な人間にはこの「正覚」をこの世で成就することはできない。阿弥陀仏のような完全な存在の導きによってそれを彼土、つまり浄土で獲得しようとするところに浄土教の信仰が生まれてきたというのが大拙の理解である。そのために浄土への往生が重要視されるが、しかし浄土教においても最終的にめざされているのはあくまで「正覚」である。したがってブッダ自身の自力による正覚の教えと、それが他力的な形を取った浄土教との相違は、「接近の仕方であつて、その本質にあるのではない[11]」と大拙は言う。

もしそうであるとすると、「浄土」をどのように理解すればよいであろうか。その点について大拙は興味深い解釈を示している。「法然や親鸞およびその他の浄土祖師方の弥陀の浄土に往生せよといふ教へを聞く人たちも、実際はこの世から何億万里の所にある西方浄土を望んでゐるのではないのであつて、彼らの実際に求めてゐるものは、内的な正覚の光――これに照らされると、あらゆる存在が全くその姿、その意味を変へてしまふのであるが、さういふ不思議な力をもつ正覚の光――なのである。而してこの光の照らし出す所が即ち浄土なのだ。或はこの光のある所が浄土だといつてもよい[12]」。大拙は客観的な時間と空間のなかで「浄土」を理解することを退ける。浄土は時間と空間の枠のなかには存在しない。正覚のなかにあるのである。正覚の照らしだしたところこそが「浄土」であると言われている。大拙によれば、正覚の獲得と浄土への往生とは別のことではないのである。

互いに映発しあう浄土と娑婆

『浄土系思想論』のなかに収められた「極楽と娑婆」のなかでは、大拙は浄土と娑婆との「聯貫性或は一如性」について語っている。大拙がとくに注目したのは『無量寿経』の次の箇所である。ブッダから無量寿仏を礼拝するように促された弟子の阿難《あなん》（アーナンダ）が「世尊、願はくはかの仏・安楽国土・およびもろもろの菩薩・声聞《しょうもん》〔説法を聞いて修行する者〕の大衆《だいしゅ》を見たてまつらん」と言ったとき、「即時に」無量寿仏が光明を放ち、諸仏の世界を照らしたということが記されている。続いて、「そのとき阿難、すなはち無量寿仏を見たてまつるに、威徳巍々《ぎぎ》として〔気高くかがやかしく〕、須弥山王《しゅみせんのう》〔世界の中心にそびえる須弥山のこと〕の高くして、一切のもろもろの世界の上に出づるがごとし。相好《そうごう》〔容貌形相〕〔より放つ〕光明の照曜《しょうよう》せざることなし。この会《え》の四衆《ししゅ》、一時にことごとく見たてまつる。かしこにしてこの土を見ること、またかくのごとし」（『聖典』七五頁）と言われている。

「この会の四衆」とは、ブッダの説法の場に集った出家・在家の男女の会衆のことであるが、無量寿仏の光明によって彼らは仏の世界をまのあたりにしたのである。そしてそれと同時に、彼土の菩薩や声聞たちも同じようにこちらの世界を見たという点に大拙は注目している。浄土教の経典にこれほど示唆に富んだ箇所は他にないとまで言っている(13)。

「即時に」の「時」は第5章で述べた宗教的時間にほかならない。そこでは浄土と此土とが、二つの明鏡がお互いを映発しあうように、こちらが向こうに映り、向こうがこちらに映っている。しかし、この相互映発は両者が単純に一であることを意味するのではない。両者はどこまでも異なっている。しかし同時に、どちらも他なくしては成立することができない。「彼なくして此なく、此なくして彼がない」。この「否定を媒介とする相即」の関係を大拙は「聯貫性或は一如性」という言葉で表現するのである。この宗教的な時間のなかで成立する浄土の風光を大拙は次のように描きだしている。「浄土は時間的に死後に往くべきでなく、また空間的に西方に遠くを隔てて旅すべきでないのである。自分がこの筆を動かし、この文を草する、この時ここで、浄土に往還してゐるのである(14)」。

先ほど浄土は正覚のなかにある、正覚の照らしだしたところこそが浄土であるという大拙の考えに触れたが、その具体的なあり方がここに描きだされている。仏は信の外に求められるのか、あるいは信の内にあるのか、という最初の問いに対する答えもここから見いだすことができるであろう。この問いに関わって少し清沢満之の思想に目を向けてみたい。

清沢満之の「精神主義」

清沢満之は自らが立つ立場を「精神主義」という言葉で表現した。それが何かを説明するのは簡単ではないが[15]、たとえば一九〇三年に雑誌『精神界』に発表された「我以外の物事を当てにせぬこと」のなかの次の一節などがその手がかりになるであろう。そこで「無限の如来の客観的実在は兎《と》あれ角《かく》あれ、其《その》如来の大悲の実現を我等は決して我等の信念以外に感ずることは出来ぬ。我等にとりては信の一念の外には如来はないのである。我等が信仰を精神主義と云ふのは此故である[16]」と言われている。

ここで清沢は、如来は、あるいはより広く宗教一般について言えば、その信仰の内容は――たとえばキリスト教で言えば「神」は――、客観的に存在するものとして説明したり、議論したりできないということを述べたあとで、この文章を記している。ここからも清沢が、信仰内容のリアリティは信念のなかにしかないと考えていたことがわかる。一九〇一年に『活世界』に発表した「宗教は主観的事実なり」と題した文章のなかでも、清沢は、宗教的信仰の内容は客観的な仕方で研究されたり、客観的な事実によって証明されたりするものではなく、そのリアリティはあくまで信仰する心の内にあると主張している。

この論考のなかで清沢はこの問題を、さらに「神仏が先か、信が先か」という問題として議論している。そしてこの問いに対して、「私共は神仏が存在するが故に神仏を信ずるのではない。

私共が神仏を信ずるが故に、私共に対して神仏が存在するのである」[17]という答えを示している。

清沢は弟子たちにもこの問題をめぐって考えることを求めた。たとえば曽我量深も清沢からその問いを突きつけられた一人であった。曽我は大谷大学の学長職にあったときに、大谷大学で「我如来を信ずるが故に如来在《まし》ます也」という題で講演を行った。そしてそのなかで一九〇一年(明治三十四年)頃、清沢が東京にあった真宗大学の学生たちに、「如来がましますから私たちが信ずるのか、私たちの人生における根本的な要望というものがあつて、それにこたえて如来があらわれてくだされたのであるか」、簡単に言えば、「如来が先であるか、私たちが先であるか」という問題を与えたということを語っている[18]。この講演のなかで曽我はこの問いに対して、衆生の救いを求める声があって、はじめて如来の現前があるのだという答えを示している。「我如来を信ずるが故に如来在ます也」という講演の演題はそのことを言い表している。

この答えは、清沢の「我等にとりては信の一念の外には如来はないのである」という言葉を言いかえたものだと言ってよいであろう。先に引用した『本願の仏地』のなかの「仏の正体といふものは信のそとにあるのではなく、信の内にある」という言葉も、こうした考えを踏まえたものと言うことができる。注意しなければならないのは、この「信」が、第5章でのべた宗教的時間のなかで、言いかえれば、「いま・ここ」において成立するものであるという点である。われわれはこの「いま・ここ」において仏に出会うのである。過去から未来に向かって均一に流れる時間、あるいはあらゆる方向に均一に広がる空間のなかにそれを探し求めても、どこにもそれを見つけることはできない。

しかし信をもたない人は、それをこの均一に広がる時間・空間のなかに求めざるをえない。自分を救ってくれる仏を自らの外に求めていかざるをえない。『本願の仏地』のなかで曽我は、そのように時空の彼方に仏を仰ぎ、それを求めていく行為は信仰とは言えない、単なる迷信にすぎないと述べている。「信の中に信の内容として仏さまがないものだからして、仏さまをば外に求めて行く。外に求めて行つたのでは本当の仏さまは得られない[19]」と記している。

そのような曽我の理解は、宗教のリアリティはあくまで信じるという行為のなかにあるという清沢の考えを踏まえたものであったと言うことができる。「信の一念の外には如来はない」ということを、清沢は「宗教は主観的事実なり」「実なるがゆえに信ずるにあらず、信ずるが故に実なり[20]」と言い表している。清沢が亡くなる直前に執筆した論考は「我信念」というものであった――もともとの表題は「我は此の如く如来を信ず（我信念）」であった――。「信念」と言うと、私がたまたま抱くにいたった宗教的信条とか、心構えとかいう印象があるが、しかし、清沢の言う「信念」は、そういう私がたまたま手にした心のあり方、心のもち方のようなものではない。そうではなく、「救いを求める声」に応じて、「信の中に信の内容として仏さま」が、「実なる」ものとして現れるということ、このリアリティが「信念」という言葉で言い表されている。

誓願を信楽することは容易ではない

先ほど、浄土教の信仰は、自己の根本的な翻りを求める真剣さに支えられてはじめて浄土教の信仰でありうると言った。衆生が仏の光を照らし返すものをもっているとしても、実際に仏の誓願に耳を傾け、それを心から信じるというのは容易なことではない。

親鸞は一方では、先に引用したように、「身をたのまず、あしきこころをかへりみず、ひとすぢに……広大智慧の名号を信楽すれば、煩悩を具足しながら無上大涅槃にいたるなり」と言い、「仏性すなはち如来なり。この如来、微塵世界にみちみちたまへり、すなはち一切群生海の心なり。この心に誓願を信楽するがゆゑにこの信心すなはち仏性なり」(『唯心鈔文意』、『聖典』七〇九頁)と言う。しかし他方で、ひとすじに誓願ないし名号を信楽することが決して容易なことではないこともはっきりと指摘している。

『教行信証』の「信巻」のなかで親鸞は、「常没《じょうもつ》の凡愚、流転の群生、無上妙果の成じがたきにあらず、真実の信楽まことに獲ること難し」(『聖典』二一一頁)と述べている。言うまでもなく、親鸞は本願を信じ念仏を称えることによって往生を願うことが易行の道であることを強調するのであるが、つねに生死の世界に沈み、流転するだけの愚かな衆生には、ふたごころなく信じ、すべてをゆだねるという真実の信楽は容易ではないというのである（それとともに、この信楽を得ることができれば、そこに自ずから本願は成就するのであり、その意味で「無上妙果」、つまり仏の国に生まれるというこのうえなくすばらしい結果を得るのは困難なことではない、ということが言われているのであるが）。

「正信偈」のなかでは、「弥陀仏の本願念仏は、邪見・驕慢の悪衆生、信楽受持することはなはだもつて難し。難のなかの難これに過ぎたるはなし」（『聖典』二〇四頁）というように、よこしまな見解や思い上がった考えをもつ衆生には、心から本願を信じ、念仏を称えること、それを貫くことがきわめてむつかしいこと、それが「難中の難」であることが言われている。

道理から外れた考えをもったり、自分の力を恃んでおごりたかぶったりすることはわれわれにとって日常のことである。そういうわれわれにとって、自らが生死の世界を離れる力も縁もないことを深く自覚し、ただ阿弥陀仏の本願の力にすべてをゆだねるというのは、決して容易なことではない。しかし、そのような日常のあり方を翻して、はじめて自己自身の根底にある闇を直視し、そこから逃れる道を真剣に探っていくことができるのではないだろうか。仏からの光を受け取り、照らし返すためには、自己の根本的な翻りが必要なのではないだろうか。

欲望に突き動かされる自己とその生の根本的転換

われわれがいま置かれている状況のなかで信仰の問題を考えるとき、この点はきわめて大きな意味をもっているように思われる。われわれの周りには物があふれ、それを容易に手に入れることができる。そこで得られた満足はそれでとどまるのではない。欲望はかぎりなく大きくなっていく。いつのまにか欲望に連鎖のなかに引きづり込まれ、それに追い立てられて日々を送ることになる。最初はある目的のために何かを求めていたにもかかわらず、その目的がいつのまにか失われ、欲望の追求自体が目的になってしまうような事態が生まれてくる。そのようなわれわれの状況を踏まえたとき、どれだけの人が自己のなかにある闇を直視し、真剣に救いを求めるであろうか。

そうした観点から興味深いのは本多弘之の名号についての理解である。本多は『親鸞の名号論――根本言の動態的了解』と題した著作のなかで次のように記している。「称名の主語というものはない。あるとすれば本願である。法蔵菩薩である。でも「法蔵菩薩が」と言うと、法蔵菩薩は、実在の人格ではありません。物語として説かれている本願の主体です。人間精神が抱えている自己閉鎖性、釈尊が無明と押さえた苦悩を引き起こしてくる根源の闇、自己を自己の執着で覆っていく抜きがたい覆弊《ふくへい》、伏蓋《ふくがい》の傾向性、これを破っていけとささやきかける存在の根源からの自己回復力とでも言うべきものが、法蔵願心の物語として呼びかけられているのです(21)」。ここではいま述べた人間の逃れがたいあり方が「自己を自己の執着で覆っていく抜きがたい覆弊、伏蓋の傾向性」という言葉で表現されている。そして同時に、その根源の闇から絶えることなく生まれつづける傾向性を打ち破る力が自己の存在の根源にあること、その具体的な現れが名号であり、称名であることが言われている。名号とは何かを考えるうえで、たいへん重要な視点が提供されている。

しかし、そうであるとしても、この自己回復力もまた、強大な力をもった根源の闇の力に覆われてしまう可能性が大きいのである。欲望の連鎖のなかにすぐに取り込まれてしまうわれわれの耳には、この自己の存在の根源からの声も届かないことが多いのである。その声を聞きとるためには、欲望に突き動かされる自己のあり方を根本から翻さなければならない。自己自身の根本的な転換が求められる。そのように自己のあり方を翻すことによってはじめて信仰は成り立つのではないだろうか。

「生命の革新」としての宗教

西田幾多郎が宗教を論じたときに強調したのもそのことであった。西田の宗教についての理解をよく示すのは、『善の研究』（一九一一年）の第四編「宗教」の次の言葉である。その第一章「宗教的要求」のなかで西田は「宗教は己の生命を離れて存するのではない、その要求は生命其者の要求である」[22]と記している。この言葉からも西田が、宗教を「生きる」という人間の営みと直接結びついたものとして理解していたことがよく見てとれる。生、つまりわれわれが生きるということの、もっとも深いところから現れでてくる要求に基づくものとして西田が宗教を理解していたことがわかる。

西田はこの「生命其者の要求」として具体的にどのようなことを考えていたのであろうか。この問題を考える手がかりをわれわれはこの第一章「宗教的要求」の次の言葉のなかに求めることができる。そこで西田は、「宗教的要求は自己に対する要求である。自己の生命についての要求である」と述べたあと、「真正の宗教は自己の変換、生命の革新を求めるのである」[23]と書き記している。

しばしば宗教の目的は「自己の安心」にあるということが言われる――たとえば仏教で言う涅槃という言葉の原語 nirvāṇa が「(煩悩が)吹き消された状態」を意味する言葉であったことにもそれを窺うことができる――。しかし西田は、宗教がめざすのは、「自己の安心」ではなく、「生命の革新」であると言う。「生命の革新」を求めるものこそ「真正の宗教」であると言うのである。

その主張には、おそらく、この第四編「宗教」の第一章「宗教的要求」の直前、つまり第三編第一三章「完全なる善行」の最後のところで、西田が「純粋経験」の概念を踏まえて、「宗教道徳美術の極意」は「主客合一の境に到る」ことであると言い、また、そのためには「偽我を殺し尽して一たび此世の慾より死して後蘇るのである(24)」と述べていることが関わっていると考えられる。

われわれは通常はわれわれのなかにある「欲望」に動かされて生きている。多くの収入を得たいとか、よい地位に就きたいとか、そういった欲望に動かされて生きている。そしてそういう欲望は、かぎりなく大きくなっていく。最初は手段であったものがいつのまにか目的に変わり、われわれの生き方そのものがそれによって支配されてしまう。そうした自己のあり方を西田は「偽我」と言い表すのである。そうしたあり方に根本的な変革を加えるのでなければ、「真正の宗教」の立場に立つことはできないというのである。そういう意味で西田は、宗教の本質を「自己の変換、生命の革新」と言い表したのだと考えられる。

頭燃《ずねん》をはらう

浄土教でも禅でも多くの場合「安心」、つまり心の安らいだ不動の境地に立つことが目標として掲げられるが、「利己心」の延長上に――つまり、何とかよい思いをしたい、幸福を手にしたいという願望の延長上に――「安心」を求めることを西田は退けたのである。西田によれば、そうした立場、そうした要求は、「利己心」の変形にすぎない。そこでは自己は「偽我」でありつづけている。そうした「偽我」の徹底した否定を西田は要求したのである。西田の宗教についての理解の核になるのは、この「偽我の否定」――欲望を追い求める自己の否定――という点にあると言える。

西田は最晩年、その最後の論文「場所的論理と宗教的世界観」においても、やはりわれわれが宗教的な信仰に入るためには「自己の立場の絶対的転換」がなければならないことを強調している。そしてそのことと関わって親鸞の言葉に触れている。まず、仏教において自力と他力の立場を区別することが無意味であること、あるいはそれがむしろ仏教本来のあり方に悖ることを述べたあと、「入信の難きを云へば、所謂易行宗に於て、却つて難きものがあるでもあらう。親鸞聖人も易《い》往無《おうむ》人《にん》の浄信と云つている。(25) 如何なる宗教にも、自己否定的努力を要せないものはない。一旦真に宗教的意識に目覚めたものは、何人も頭燃《ずねん》を救《はら》ふが如くでなければならない(26)」と述べている。「頭燃を救ふ」とは善導の『観経疏』などに見える表現であるが(27)、頭の上についた火を自ら急いで払い消さなければ、宗教的な信仰に入ることはできないというのである。

学問や修行を重視する聖道門に対して、念仏による往生を説く浄土門の教えは、一見したところ、確かに易しい道であるように見える。しかし念仏は、先に述べたように、鸚鵡返しに「南無阿弥陀仏」を称えることではない。そこでは自己の否定が求められる。つまり欲望に動かされる自己のあり方を根底から翻さなければならない。頭燃をはらうことによってはじめて念仏の立場に立ちうるのである。西田には、親鸞は、頭燃をはらいつづけながらその信仰の道を歩きつづけた人に映っていたにちがいない。

---

(1) 八木誠一「言語と宗教——宗教の言葉とはどういうものか」、『アンジャリ』第一五号（浄土真宗大谷派親鸞仏教センター、二〇〇八年）二九頁。

(2) 『安田理深選集』（文栄堂書店、一九八三—一九九四年）第一巻三三二頁。

(3) 鈴木大拙編著『妙好人 浅原才市集』（新装版、春秋社、一九九九年）ノート一三の五一、一七二頁。

(4) 「所行」という表現は、本願寺三世覚如の長男である存覚が著した『六要鈔』（『教行信証』の註釈書）第三のなかの「名号は大行大善たりといへども、これ所行の法なり。今は能信の心なり。この故にしばらく行にあらず善にあらずといふ」からきている。

(5) 鈴木・曽我・金子・西谷『親鸞の世界』（真宗大谷派宗務所出版部、一九六四年）八〇頁以下参照。

(6) 『鈴木大拙全集』第十一巻三六九頁。

(7) 『大パリニッバーナ経』（中村元訳、漢訳の『大般涅槃経《だいはつねはんぎょう》』にあたる）には、「この世で自らを島とし、自らをたよりとして、他人をたよりとせず、法を島とし、法をよりどころとして、他のものをよりどころとせずにあれ」とある。中村はパーリ語の attadīpa を灯火（灯明）ではなく、島と訳している。『ブッダ最後の旅——大パリニッバーナ経』（中村元訳、岩波文庫、一九八〇年）六三頁。『ダンマパダ』では「真人の境地」（ニルヴァーナ）が「島」に喩えられている。『真理のことば・感興のことば』（岩波文庫、一九七八年）一三頁。訳注七七頁を参照。

（8）『鈴木大拙全集』第十一巻三九七頁。

（9）『鈴木大拙全集』第十一巻三九七頁。

（10）『曽我量深選集』第五巻三四四頁。

（11）『鈴木大拙全集』第十一巻三九一頁。

（12）『鈴木大拙全集』第十一巻三九七頁。

（13）西田幾多郎は「場所的論理と宗教的世界観」の最後のところで鈴木大拙のこの議論に言及している。この論文が書かれたのは一九四五年であり、当時の時代状況を強く反映している。宗教と国家との関係如何《いかん》という独特の文脈においてであるが、西田は浄土と娑婆とが一体のものであるという大拙の議論に強い共感を示している。

（14）『鈴木大拙全集』第六巻一一一頁。

（15）拙著『清沢満之が歩んだ道——その学問と信仰』（法藏館、二〇一五年）四六頁以下を参照されたい。

（16）清沢満之『現代語訳　わが信念』（藤田正勝訳、法藏館、二〇〇五年）一五九頁。

（17）清沢満之『現代語訳　わが信念』一二三頁。

（18）『曽我量深選集』第十二巻一四三—一四四頁参照。

（19）『曽我量深選集』第五巻二三三—二三四頁。

（20）清沢満之『現代語訳　わが信念』一二四頁。

（21）本多弘之『親鸞の名号論——根本言の動態的了解』（法藏館、二〇一四年）二四〇頁。

(22)『西田幾多郎全集』第一巻一三八頁。『善の研究』(岩波文庫、改版第一刷、二〇一二年)二一七頁。
(23)『西田幾多郎全集』第一巻一三五頁。『善の研究』(岩波文庫)二一三頁。
(24)『西田幾多郎全集』第一巻一三四頁。『善の研究』(岩波文庫)二一一頁。
(25)『教行信証』「信巻」、『聖典』二一一頁。『無量寿経』に「易往而無人」とあるが、『尊号真像銘文』ではそれを踏まえて、「「易往而無人」といふは、「易往」はゆきやすしとなり、本願力に乗ずれば本願の実報《じっぽう》土《ど》に生るること疑なければ、ゆきやすきなり。「無人」といふはひとなしといふ、人なしといふは真実信心の人はありがたきゆゑに実報土に生るる人まれなりとなり」(『聖典』六四七頁)と言われている。念仏の道はゆきやすい道ではあるが、実際にほんとうの信心をもち、その道を歩む人はまれであるというのである。
(26)『西田幾多郎全集』第十巻三二六頁。
(27)『教行信証』「信巻」では「頭燃を灸《はら》ふ」という形で引かれている。『聖典』二一七頁参照。

8　信仰のダイナミズム（1）——回向をめぐって

親鸞の信仰の動的構造——二種の深信

第4章で救済のパラドクスについて考えてみたが、宗教における救済も、また親鸞の信仰も、実際、きわめて動的な性格をもっている。これまでも多くの研究者がその点に注目してきた。たとえば寺川俊昭『親鸞の信のダイナミックス——往還二種回向の仏道』や大峯顕『親鸞のダイナミズム』、安冨信哉『親鸞・信の教相』などがとくに二種の深信や回向、往相・還相などの問題をめぐって親鸞の信仰の動的な性格について論じている。哲学者の視点からなされた親鸞解釈であるが、田辺元の『懺悔道としての哲学』もその一つに数えることができる。本章では親鸞の信仰のダイナミックな構造に焦点をあわせてみたい。

第7章で称名は単なる機械的な反応ではなく、そこには必ず自覚があるということを言った。そこで述べたように、善導が『観経疏』で説いている二種の深信がこの自覚の具体的な内容をよく示している。この二つの自覚とは、まず「自身は現にこれ罪悪生死の凡夫、曠劫よりこのかたつねに没《もっ》しつねに流転して出離の縁あることなしと信ず」という自覚であり、そして「決定して深く、かの阿弥陀仏の四十八願は衆生を摂受《しょうじゅ》したまふこと、疑なく慮りなくかの願力に乗じてさだめて往生を得と信ず」（『七祖篇』四五七頁）という自覚である。前者が、煩悩に縛られて生死の世界から逃れる力も縁もないことを深く自覚するという「機の深信」であり、後者が、そのような人間であっても阿弥陀仏の本願の力を深く信じれば必ず往生をすることができるという確信である「法の深信」である。この二種の深信に基づいて、名号を唱えるという行為が成立するということをすでに述べた。

「機の深信」は迷いの世界を脱する力や縁をもたないことに対する単なる絶望ではない。むしろ、それをもたない自己自身を直視しえたことを、そして真の自己についての知をもちえたことを示している。善導の『往生礼讃』では「自身はこれ煩悩を具足する凡夫、善根薄少にして三界〔衆生が生まれては死ぬ三つの迷いの世界〕に流転して火宅を出でずと信知し……」（『七祖篇』六五四頁）と言われている。「信知し」という言葉がそのことを示している。そしてそれに続いて「いま弥陀の本弘《ほんぐ》誓願〔一切の衆生をひろくすべて救いとろうという誓い〕は……さだめて往生を得と信知して、すなはち一念に至るまで疑心あることなし。ゆゑに深心と名づく」（同）と言われている。「いま」という言葉が、両者が切り離しがたく結びついていることを示している。この深く結びついた二つの信知が、深心であり、深信であると言うことができる。

親鸞は『愚禿鈔』のなかで『観経疏』の言葉を引いたあと、「いまこの深信は他力至極の金剛心、一乗無上の真実信海なり」(『聖典』五二二頁)と述べている。如来の本願への信心は金剛石のように堅固であり、この上ない唯一無二の教えに対する真実の信心であって、広大無辺の海のごとくである、というのである。『御消息』(一三)の「罪悪のわれらがためにおこしたまへる大悲の御誓《おんちかい》の目出たくあはれにましますうれしさ、こころもおよばれず、ことばもたえて申しつくしがたきこと、かぎりなく候ふ」(『聖典』七六一頁)という言葉は、この真実の「信海」の風光を言い表したものと言うことができるであろう。

しかし、この二つの自覚の関係――しばしば「機法一体」という言葉で表現される――は、ただ単に両者が深く結びついているということを意味しているのではない。そこには第4章や第5章で触れた「矛盾的自己同一」や「逆対応」という言葉で表現される関係が見いだされる。そのことを西田幾多郎の宗教理解を手がかりに見てみたい。

西田幾多郎の真宗理解

西田はその最後の論文「場所的論理と宗教的世界観」のなかで、宗教的意識というものが「我々の生命の根本的事実」であり、学問や道徳、さらには具体的な生活にいたるまで、われわれのすべての営みの根底にあるということを強調している。しかし他方、それが通常は「人の心の底に潜」んでいること、言いかえれば、多くの場合われわれはこの心の底にある宗教心に目を向けないで暮らしていることを述べている。もしそうであるとすれば、われわれは、いつ、この蔽われた宗教心に気づくのか、言いかえれば、いつ蔽われた自己自身に向きあうのか。西田が「場所的論理と宗教的世界観」で問おうとしたことの一つは、この問題であったと言うことができる。

このいつわれわれは蔽われた自己自身に向きあうのかという問いに対して西田は、この論文において、「我々が、我々の自己の根柢に、深き自己矛盾を意識した時」というように答えている。しかし、この「深き自己矛盾」とはいったい何を指すのであろうか。これに対しては、「死の自覚」がそれであると西田は述べている。自己の「死」とは先に挙げた『観経疏』の表現で言えば、「曠劫よりこのかたつねに没しつねに流転して出離の縁あることなし」ということであろうし、『歎異抄』の表現で言えば、「煩悩具足のわれらは、いづれの行にても生死をはなるることあるべからざる……」ということであろう。

そのような極限の状況のなかでわれわれは超越的なものの呼び声を聞く。そしてこの「切なる救の呼声[1]」を心から信じ、まごころを込めてそれに帰順するときに、本来はつながりをもちえないもののあいだに橋が架けられる。名号とはまさにこの橋であると言ってよいであろう。そのことを西田はこの論文のなかで、浄土真宗の信仰に結びつけて次のように述べている。「真宗に於ては、此の世界は何処までも業の世界である、無明生死の世界である。唯、仏の悲願によつて、名号不思議を信ずることによつて救われると云ふ。それは絶対者の呼声に応ずると云ふことに他ならない(2)」。ここに成立する超越的なものと有限なものとのあいだの関係、本来つながりをもたないものが一つになることを西田は「矛盾的自己同一」とも、「非連続の連続」とも表現する。

自己と絶対的存在との矛盾的自己同一

この超越的なものと有限なものとの「矛盾的自己同一」をどのように理解すればよいであろうか。「場所的論理と宗教的世界観」のなかで西田は次のように記している。「我々の自己の底には何処までも自己を越えたものがある、而《しか》もそれは単に自己に他なるものではない、自己の外にあるものではない。そこに我々の自己の自己矛盾がある。此に、我々は自己の在処に迷ふ。而も我々の自己が何処までも矛盾的自己同一的に、真の自己自身を見出す所に、宗教的信仰と云ふものが成立するのである(3)」。

一般的には、宗教における絶対的存在は自己の外にあると言われる。しかし西田は、絶対的なものをそのように単に超越的な存在として捉えることに反対する。たとえば「単に超越的に最高善的な神は、抽象的な神たるに過ぎない」というように述べている。自己の自覚とは関わりなく、自己の外に想定された神は、単に考えられた神にすぎない。あるいは「若し対象的に仏を見ると云ふ如きならば、仏法は魔法である」[4]とも述べている。仏を彼方に絶対的な存在として仰ぐような仏教観を、もはや宗教ではないものと見なしている。「神とか仏とか云ふものを対象的に何処までも達することのできない理想地に置いて、之によつて自己が否定即肯定的に努力する」[5]ところには、つまり、力尽きたり立ち直ったりしながら理想の境地に向かって自分自身の力によって努力を重ねていくところには、「全然親鸞聖人の横超と云ふものはない。最も非真宗的である」[6]とも記している。われわれは彼方に超越的なものを追い求めるのではなく、むしろ自己自身の根底にその呼び声を聞くのである。

そのことを西田は次のように表現している。「信仰は恩寵である。我々の自己の根源に、かゝる神の呼声があるのである。私は我々の自己の奥底に、何処までも自己を越えて、而も自己がそこからと考へられるものがあると云ふ所以である」[7]。超越的なものの呼び声は、どこか自己の知らないところから響いてくるのではない。われわれが自己の死、「自己の永遠の死」を見つめ、それを突き詰めていくとき、その苦悩の底から超越的なものの呼び声が聞かれるのである。「我々の自己の奥底に、何処までも自己を越えて、而も自己がそこからと考へられるものがある」というのは、そのことを指す。

しかし、自己の奥底に自己を超えたものがあるというのは「自己矛盾」である。そこでわれわれは「自己の在処に迷ふ」。しかし自己がそれによって生かされていることに気づいたとき、それはもはや単に超越的なものではない。われわれはむしろそこに「真の自己自身」を見いだすのである。自己と超越的なものとの同一を確信するのである。この自己と絶対的存在（自己を超えたものでありつつ、自己の根底である存在）との矛盾的自己同一の関係こそが、宗教が成り立つ場所であると西田は考えていたと言ってよい。

回向

親鸞の信仰のダイナミックな構造は、とくにその回向についての理解、そして往相と還相との理解に見てとることができる。

「回向」という言葉についてはすでに何度か触れた。「回向」とは自分が積んだ善行の功徳を自分のさとりのために、あるいは他の人々を救うことにふりむけるということ、さらには如来の慈悲の心が衆生にふりむけられることを意味する。親鸞は『教行信証』の「信巻」において、曇鸞の『往生論註』の「おほよそ「回向」の名義を釈せば、いはく、おのが集むるところの一切の功徳をもつて一切衆生に施与して、ともに仏道に向かふなり」（『七祖篇』一四四頁）を引いているが、これが浄土教の歴史のなかで広く共有された理解であったと言ってよいであろう。

「回向」はサンスクリット語のパリナーマナ（pariṇāmanā）に由来する。もともと変化すること、形を変えること、熟することなどを意味する言葉であったが、大乗仏教では、自分が積んだ善行の功徳を自分のさとりのために、あるいは他の人々を救うことにふりむけるという意味で用いられた。

この「回向」という言葉の意味について、梶山雄一は『「さとり」と「廻向《えこう》」』（一九八三年）や『浄土の思想』（二〇一三年）のなかで二つの型があることを述べている。一つはたとえば阿弥陀仏が自分の功徳を自分自身にではなく、苦しむ衆生にめぐらすような場合である。この意味の「回向」を梶山は「方向転換の廻向」と呼んでいる。他方、たとえば衆生が自分の積んだ善行の功徳を現世で福徳を得るために使うのではなく、極楽への往生のための因とするような場合、つまり、宗教的な（出世間的な）果報へと質的に変換するような場合もある。これを梶山は「内容転換の廻向」と呼んでいる(8)。

この「回向」の思想がインドの社会で果たした役割、あるいはそれがもった意義を、梶山は、よい行為はその行為者に必ず幸せをもたらし、悪い行為は必ずその人に不幸をもたらすという業報思想から人々を解放した点に見ている。空の思想を説いた般若経典も同様の役割を果たしたが（空の思想が「回向」の思想的な根拠になっているというのが梶山の理解である）、この業報の思想からの解放は、大乗仏教が成立した頃に起こった外国勢力の相次ぐ侵入によって引き起こされた社会の混乱のなかで救済への道を見いだすことができなかったインドの人々に大きな希望の光となった。

親鸞――回向の主体は如来

親鸞も、先の曇鸞の『往生論註』からの引用が示すように、基本的には、自分の功徳を他の人に、とくに苦しむ衆生にふりむけるという意味で理解している。ただ親鸞の「回向」の理解には、それ以前のものと大きく異なる点がある。

世親は『浄土論』のなかで、「もし善男子《ぜんなんし》・善女人、五念門《ごねんもん》を修して行成就しぬれば、畢竟《ひっきょう》じて安楽国土に生じて、かの阿弥陀仏を見たてまつることを得」（『七祖篇』三二頁）というように、信仰心をもち仏法を聞こうとしている人が実際に浄土に往生し、阿弥陀仏にまみえるためには五つの行（五念門）を修める必要があることを述べている。具体的に言うと、阿弥陀仏を礼拝する礼拝門と、その功徳を讃える讃嘆《さんだん》門、一心に浄土に生まれることを願う作願《さがん》門、阿弥陀仏と浄土の荘厳を思い浮かべる観察《かんざつ》門、そして回向門である。第五門である回向門について世親は、「いかんが回向する。一切苦悩の衆生を捨てずして、心につねに願を作し、回向を首《しゅ》〔第一〕となす。大悲心を成就することを得んとするがゆゑなり」（『七祖篇』三三頁）と記している。曇鸞は『往生論註』において、この世親の言う「回向」に解説を加え、「「回向」とは、おのが功徳を回《え》してあまねく衆生に施して、ともに阿弥陀如来を見たてまつり、安楽国に生ぜんとなり」（『七祖篇』九二頁）と記している。

ここからも明らかなように、「おのが功徳を回して」と言われるときの「おのが」というのは、仏の道を歩む者のことである。回向のはたらきの主体は、あくまで如来ではなく、浄土への道を歩む修行者であり、そしていったん浄土へといたりえた菩薩である。それに対して親鸞はその主体を如来のうちに見た。浄土への道を歩むことも、他の苦しむ人々に目を向けることも、如来の本願の力に縁ると考えたのである。そこに親鸞の信仰の独自性を見てとることができる。

すでに見たように親鸞は『教行信証』「信巻」において、『無量寿経』の「あらゆる衆生、その名号を聞きて、信心歓喜せんこと乃至一念せん。至心に回向し、かの国に生れんと願ずれば、すなはち往生を得、不退転に住せん」の「至心に回向し」の部分を「至心に回向したまへり」(『聖典』四一頁)と読んでいる。如来の呼び声を心から信じ、その名を称えることは行者自身のはからいによるものではなく、如来の慈悲の心が衆生にふりむけられた結果であるというのが親鸞の理解であった。そこに親鸞の信仰の核心があると言ってもよい。

『正像末和讃』でも「如来の作願をたづぬれば／苦悩の有情《うじょう》をすてずして／回向を首としたまひて／大悲心をば成就せり」(『聖典』六〇六頁)と詠われている。いま引用した『浄土論』の「いかんが回向する。一切苦悩の衆生を捨てずして、心につねに願を作し、回向を首となす。大悲心を成就することを得んとするがゆゑなり」を踏まえたものであることは言うまでもない。しかし『浄土論』では「回向を首となす」のは仏道の修行者であったのに対し、親鸞においては「回向を首としたまひて」の主体は如来である。

この読みかえは単なる読み下しの仕方の違いではなく、親鸞は意図してそこに自らの理解を――自らの宗教経験から読み取った意味を――込めたのである。衆生の信心と称名は衆生のはからいによるものではなく、仏によって回施されたものであるという理解がそこには込められている。『一念多念文意』では「「回向」は、本願の名号をもつて十方の衆生にあたへたまふ御《み》のりなり」（『聖典』六七八頁）と言われている。

回向の根底にある大悲心

親鸞が自らの宗教経験から読み取った意味が何であったのかをより明瞭にするために、もう一度、梶山雄一の「方向転換の回向」と「内容転換の回向」の区別を取りあげたい。親鸞は、いま述べたように、回向の主体に関して従来とは異なった理解を示したが、功徳を他者の救済にふりむけるものであるという点ではそれまでの理解と変わりがなかった。それまでと同様に功徳を他者にめぐらす行為として回向は理解されていた。つまり、回向は功徳の方向を転換するものとして理解されていた。

しかし、そのように回向をただ単に自分自身のものを誰か他者にふりむける行為であると理解するだけでは、親鸞がこの回向という言葉に込めた意味が十分に理解されないのではないかということを、長谷正當が『親鸞の往生と回向の思想』（二〇一八年）のなかで問題にしている。長谷は、曽我量深の「感応の道理」と題された文章中の、「回向とは仏と対立して向ふから下さる、こちらは受取る、仏と我々とものゝやりとりすることだと思つてゐる。……さうではない」[9]という言葉を踏まえながら、もし回向を一つの物の受け渡しのように理解するならば、その根底に、あるいはその核心にあるものが隠されてしまうのではないかと指摘している。

少し横にそれるが、曽我の理解に一言触れておくならば、曽我は他力の回向を物の受け渡しではなく、「感応道交」であると主張している。「感応道交」とは、天台宗の第三祖（実質的には開祖である）智顗《ちぎ》の講説を筆録した『法華文句《ほっけもんぐ》』などに見える表現であるが、衆生の思いや願いと仏の力や慈悲の心とが通いあい、一つに交わることを意味する。それを曽我は「感応の道理」のなかで、「他力回向とは感応することであつて、……仏の心を我々が感ずるのであります。われ〳〵が仏の心に感ずれば、仏が衆生の機に応ずる。それを感応と言ふのであります。昔から南山に鼓を撃てば北山に立つて舞ふと申します。……南山に鼓を撃つといふことは、南無とたのむ衆生、北山に立つて舞ふといふことは、仏摂取したまふことであります。また、南山は仏の誓願、北山は衆生の感応、これ感応といふものである」[10]と解説している。『雲門広録』に見える禅語「南山打鼓北山舞」（南山に鼓を打てば、北山に舞う）を踏まえたものである。ここで言われているように、ほんとうに悩み苦しみ、救いの手を求める衆生に対して、仏がその悩みや苦しみを感じとり、その者を救いとる、この一体になった呼応のはたらきが感応道交である。それが他力の回向であるというのである。

さて、回向をただ単に自分のものを他者にふりむける行為として理解するだけでは、その核心にあるものが隠されてしまうのではないかと言った。その核心にあるものを長谷は仏の「大悲心」として理解している。回向が単なる物の受け渡しのように受け取られると、衆生が深い苦しみのなかにあることを悲しみ憐れんで、如来が法蔵菩薩としてはかりしることができないほど無限に長い時間菩薩の行を行じたということが、あるいはその根底にある如来の「自己否定」の精神が隠されてしまう。そうすると衆生の「信」そのものが成立しなくなってしまう。というのも、「信」はこの如来の「大悲心」に思いを致すところに成立するからであると長谷は述べている。(11)

回向の問題と仏身観

この点を踏まえて、長谷は「回向」の深い意味を「形を変えて現れる」というもう一つの意味(梶山の言う「内容転換の廻向」)のなかに見ようとする。つまりそこに、如来が大悲心から形を変えて衆生のもとに現れ、救いの手をさしのべるという意味を見てとろうとする。そうすると、「回向」は「仏身とは何か」ということにも深く関わってくる。

この点について梶山雄一の理解を手がかりに考えてみたい。梶山は『浄土の思想』のなかで、まず、釈迦が入滅したのち、「色身《しきしん》」——存命中であった釈迦——と「法身《ほっしん》」——釈迦がさとった法（真理）――とが区別されるようになったことを述べている。そして大乗仏教ではこの法身と色身とが、法性（色も形もない真理そのもの）と、それの具体的な現れである身体をもった仏として理解されるようになった。ここに仏身に関するいわゆる二身説が形作られたのであるが、この二身説がかかえる大きな問題は、もし法身が人間の思惟や言葉を超えた永遠の真理そのものであるとすれば、それと衆生とはどのように関わりうるのか、衆生の教化はどのようにして成立するのかという問題であった。

この問題に一つの答えを示したのが瑜伽行《ゆがぎょう》唯識学派であった。たとえばマイトレーヤあるいは無着の書とされる『中辺分別論《ちゅうべんふんべつろん》』においては、法身と受用身《じゅゆうしん》、変化身《へんげしん》の三つが区別されている。菩薩が修行の道を歩み、最後に法身となったのち、さらに自他を利益するために、まず受用身〔法を自ら享受し、他の人にも享受させる者〕となって仏国土を建設し、そのあとさらに変化身となって苦しむ衆生を救済するということが記されている。変化身は応身《おうじん》とも応化身《おうげしん》とも呼ばれるが、釈迦のように地上に現れたさまざまな化仏《けぶつ》や権化を指す。このように瑜伽行唯識学派では三身説が立てられている。

受用身というものが考えられたのは、法身と色身とのつながりをうまく説明するためであったと考えられる。梶山によれば、瑜伽行唯識学派においては、ただ受用身が法身と変化身のあいだに挿入されただけではなく、受用身とそれから生じる変化身の教化と慈悲とは法界（法身）から流出したもの（法界等流《とうる》）であるとされた。(12) つまり、受用身と変化身による教化は、法身と同じ性質をもったそれの結果であると考えられたのである。このようにして法身と色身（変化身）とが結びつけられたのである。

応化身となり衆生を救う

さて世親は、瑜伽行唯識学派の教学を大成した人であるが、いま述べた菩薩の修行の歩みを『浄土論』のなかで、先ほど見たように、礼拝門から回向門に至る五つの段階として描いている。世親はまたこの五つの行を修することによって得られる五つの功徳についても述べている。具体的に言うと、浄土に往生し（近門《ごんもん》）、浄土の聖《しょう》者《じゃ》の一員となり（大会《だいえ》衆門《しゅもん》）、寂静の境地を実現し（宅門）、その静かな心で、対象をありのままに正しく観察すること（屋門）、以上四つの自利の功徳（入門）と、多くの衆生を教え導くという利他の功徳（出門）である。この第五の功徳は「園林《おんりん》遊《ゆ》戯《げ》地《じ》門《もん》」と呼ばれている。それについては次のような説明が加えられている。「出第五門とは、大慈悲をもつて一切苦悩の衆生を観察して、応化身を示して、生死の園、煩悩の林のなかに回入して遊戯し、神通《じんずう》〔不可思議な力の働き〕をもつて教化地《きょうけじ》〔衆生を教え導く地位〕に至る」（『七祖篇』四二一頁）。これが「回向」の具体的な内容であるが、文字通り、それは「応化身」を示すことによって果たされる。

このような理解を親鸞も受け継いでいる。前章で親鸞が『唯心鈔文意』において、善導の『法事讃』の言葉に注釈を加えて、涅槃とは一如であり、仏性であるということを述べたあと次のように記しているのを見た。「仏性すなはち如来なり。この如来、微塵世界にみちみちたまへり、すなはち一切群生海の心なり」(『聖典』七〇九頁)。このように述べたあとさらに、「一切群生海の心」となるということについて次のように説明を加えている。「この一如よりかたちをあらはして、方便法身と申す御すがたをしめして、法蔵比丘となのりたまひて、不可思議の大誓願をおこしてあらはれたまふ御かたちをば、世親菩薩(天親)は「尽十方無碍光如来」となづけたてまつりたまへり。この如来を報身と申す、誓願の業因に報ひたまへるゆゑに報身如来と申すなり。報と申すはたねにむくひたるなり。この報身より応・化等の無量無数の身をあらはして、微塵世界に無碍の智慧光を放たしめたまふ」(『聖典』七一〇頁)。まず、すでに見たことであるが、法性法身が方便法身(法蔵菩薩)として具体的な形を取って現れ、すべての衆生を救いとるという誓願を立て、それを成就して報身仏となった(報身は瑜伽行唯識学派で言う受用身にあたる)。そしてこの報身仏である阿弥陀如来が無数の応身・化身となって、微細な塵のように数えきれない無数の世界に、何ものにも妨げられることのない智慧の光明を放ったということが言われている[13]。

「回向」とはこのように一如である法性が報身となり、この報身が無数の応身・化身となって、救いの手を衆生一人ひとりにさしのべることであると言うことができる。それが「一切群生海の心」となるということの具体的な意味である。

長谷の主張に立ち戻って言えば、「回向」の概念は、ただ「功徳をめぐらす」という意味においてだけではなく、このように「形を変えて現れる」というところにまで深めて捉えることによって、はじめてその真の意味が理解されると考えられる。この「形を変えて現れる」ということの根底には、はかりしることができないほど無限に長い時間菩薩の行を行じ、さらに応身・化身となって煩悩の林のなかに立ち戻り、悪業や罪障をかかえて生死の世界を流転しつづける衆生を救おうという大悲心がある。「回向」の意味は、そこに目を向けることによってはじめて捉えられるというのが長谷の理解であった。

回向の主体は誰か

先ほど、親鸞は回向の主体は仏道を歩む修行者ではなく、如来であると捉え、そのような観点から経典の読み方を変えたと言った。そしてそのような読みかえのなかに親鸞の信仰の核心が表現されていると言った。そこに親鸞の信仰のオリジナリティを見てとることができる。その通りであろうが、しかし、そのように読む可能性はすでに浄土教の伝統のなかにあったのではないか、あるいはそのように読むように迫ってくるものがすでに浄土教の教学の歴史のなかにあったのではないか、と問うこともできるであろう。

その点でたいへん興味深い問題を梶山雄一が『浄土の思想』のなかで提起している。先に見たように世親は「出第五門」について、「応化身を示して、生死の園、煩悩の林のなかに回入して、神通もつて教化地に至る」と記すのであるが、この文に「本願力の回向をもつてのゆゑなり」(『七祖篇』四二頁)と付け加えている。この「本願力の回向をもつてのゆゑなり」という表現に関して梶山は、この「本願力の回向」は仏道を歩む行者の本願・回向なのか、それとも阿弥陀仏(その前身である法蔵菩薩)の本願・回向なのかという問いをそこで立てている(14)。

先に見たように、世親は『浄土論』のなかで五念門を修する主体を「善男子・善女人」と表現している。それを踏まえて言えば、この「本願力の回向」の主体も、往生をめざして仏道を歩む行者であると考えることができるであろう。そのような解釈も十分に可能であるが、しかし梶山はこの点をめぐって、世親が『浄土論』において「本願」という言葉を阿弥陀仏の本願という意味以外には用いていない点に注目している。そうであるとすると、この「本願力の回向」は阿弥陀仏の前身であった法蔵菩薩の本願であり、回向であったと考えざるをえないことになる。そういう理解に立って梶山は次のように述べている。「五念門を修習する行者とは実は法蔵菩薩に他ならないことになり、出第五門で化身となって生死の世界に還る浄土の菩薩とは阿弥陀仏という報身の化作した化仏ということになる(15)」。阿弥陀仏が示した「応化身」とは、まず法蔵菩薩であったと考えられるのである。ここから梶山は、「法蔵菩薩は阿弥陀如来の前身ではなく、阿弥陀如来の化身にほかならないという逆転が生じている」という結論を導きだしている。

このように世親のなかにも、「応化身を示して、生死の園、煩悩の林のなかに回入して、神通をもつて教化地に至る」という「回向」の根拠を阿弥陀如来に求める可能性を認めることができるのである。その点が曇鸞においてはいっそう明確に表現されている。『往生論註』のなかで曇鸞は、世親『浄土論』の「菩薩はかくのごとく五門の行を修して自利利他す。速《すみ》やかに阿耨多羅三藐三菩提を成就することを得るゆゑなり」(『七祖篇』四二頁)という文章を引いたあと「しかるに覈《まこと》に其の本を求むるに、阿弥陀如来を増上《ぞうじょうえん》縁となす」(『七祖篇』一五五頁)と述べている。阿弥陀如来が増上縁、つまり強い力で結果を引き起こす縁(原因)となって、五門の修行、そしてさとりの智慧の獲得が実現されることが言われている。また『浄土論』で言われている「利他」について、「まさにこの意《こころ》を知るべし。おほよそこれかの浄土に生ずると、およびかの菩薩・人・天の所起の諸行とは、みな阿弥陀如来の本願力によるがゆゑなり」(同)と記している。

親鸞が回向の主体を仏道を歩む修行者から阿弥陀如来に読みかえたのは、このような理解を踏まえてのことであったと考えられる。そのように考えれば、それは必ずしも親鸞の独創ではないとも言える。しかしもちろん、回向の主体が阿弥陀如来であることを明確に示したのは親鸞であったということも言えるのであるが。

もう一点興味深いのは、親鸞が、世親『浄土論』における入出二門について論じた『入出二門偈』のなかで、「菩薩は五種の門に入出して、自利利他の行成就したまへり。不可思議兆載劫《ちょうさいこう》に、漸次に五種の門を成就したまへり」（『聖典』五四六頁）と記している点である。「不可思議兆載劫」という表現からして、この菩薩は法蔵菩薩を指すと考えられる。梶山も指摘しているように、親鸞は五念門・五功徳門を修するのは浄土往生を願う修行者ではなく、法蔵菩薩であると理解していたと言うことができるのではないだろうか。もちろんその利他の行により救われた凡夫がやがて浄土に往生し菩提を成就したとすれば、法蔵菩薩と同じ道を歩むと考えられるから、出入二門を修するのはひとり法蔵菩薩だけではないということも言えるであろうが。

曽我量深の法蔵菩薩論

回向とは単なる方向の転換ではなく、内容の転換、つまり「形を変えて現れる」ことであるという理解と深く関わると思われるので、曽我量深の法蔵菩薩についての理解を以下で見ておきたい。

曽我量深は一九二四年に発表した「地上の救主――法蔵菩薩出現の意義」のなかで、「如来我となりて我を救ひ給う[17]」という命題を示している。印象深い文章であるが、すぐには理解しがたい文章である。如来が我になるとはいったいどういうことなのであろうか。先にも見たように、われわれは「常没《じょうもつ》の凡愚」であり、「流転の群生」である。「真実の信楽まことに獲ること難し」

（『聖典』二一一頁）と言われる存在である。それにもかかわらず、なぜ如来が我になると言われるのであろうか。

その点に関して曽我は次のように述べている。「久遠光明の父は生死海底に堕落しつゝある我々人間とは天地の懸隔がある。彼の権威は最早や我々に及ぶ事が出来ない。是れ則ち彼が人間仏なる救主法蔵菩薩として、和光同塵して出現し給へる所以である[18]」。これまで何度か逆説ということを言ったが、ここにも逆説がある。われわれは「生死海底に堕落しつゝある」存在である。あるいは「罪悪生死の人生海に迷悶しつゝある私[19]」である。しかし、そうであるからこそ、如来が和光同塵して、この世に現れたもうたというのである。

和光同塵とは、『老子』に由来する表現であるが、仏教では、仏や菩薩が自らのさとりの智慧の光を和らげて、あるいは隠して、世俗の世界に現れ、煩悩の世界の塵と同じ存在となり、苦しむ衆生に手をさしのべることを言う（第5章でキェルケゴールとの連関で触れたように、キリスト教においても、永遠なるものが貧しい大工の子という卑賤の姿を取って立ち現れたということがその信仰の核心にあることにつながる）。

しかし、久遠光明の父が久遠光明の父としてではない。その存在は「海底に溺没《できぼつ》する」われわれを超越している。如来がこの世に現れるのは、「人間仏なる救主法蔵菩薩として」であると曽我は言う。この事態を曽我は「如来我となりて我を救ひ給う」と表現したのである。

この如来が「人間仏なる救主法蔵菩薩として」出現するということを曽我は「法蔵菩薩降誕」という言葉でも表現している。しかし、法蔵菩薩がこの世に誕生するというのはいったいどういう出来事であろうか。あるいは法蔵菩薩はどこに誕生するのであろうか。その点に関して曽我は次のように記している。「法蔵菩薩は決して一の史上の人として出現し給ひたのではない。彼は直接に我々人間の心想中に誕生し給ひたのである。十方衆生の御呼声は高き浄光の世界より来たのではなく、又一定の人格より、客観的に叫ばれたのではない。彼の御声は各人の苦悩の闇黒の胸裡より起つた[20]」。

法蔵菩薩は一人の歴史上の人物としてわれわれの目の前に現れたのではないというのである。法蔵菩薩はわれわれの「心想」のなかに、つまりわれわれの思い、われわれの心のはたらきのなかに現れたのである。われわれがこれまで用いてきた言葉で言えば、宗教的な時間・空間に現れたのである。その出現の時間と場所を、過去から未来に向かって均一に流れる時間軸のどこかに、あるいは無限に広がる三次元空間のどこかに特定することはできない。それはどこまでもわれわれの心の働きのなかに、言いかえれば信のなかに出現したのである。

また法蔵菩薩のわれわれを呼ぶ声は浄土から直接響いてきたのでも、またある特定の人物から出たのでもない。われわれの「苦悩の闇黒の胸裡」から響いてきたものであることが言われている。それはちょうど、先に見た「我々の自己の根源に……神の呼声がある」という西田幾多郎の宗教理解に深く通じる。西田によれば、超越的なものの呼び声は、われわれがわれわれの「永遠の死」を直視し、そうした自己のあり方を突き詰めていくときに、その苦悩の底から聞かれるものであった。それと同じことがここで言われていると考えられる。

「如来我となる」

いまの引用文中で「我々人間の心想中に誕生し給ひた」と言われていたが、われわれのうちに誕生した法蔵菩薩とは、いったいどういう存在なのであろうか。それについて曽我は次のように記している。「法蔵菩薩とは何ぞや。他ではない。如来を念ずる所の帰命の信念の主体がそれである[21]」。阿弥陀如来の本願を心から信じ、仏道をまっすぐに歩んでいく衆生一人ひとりの根本主体が法蔵菩薩であるというのである。法蔵菩薩の発願とその成就の話は『無量寿経』においては——五劫思惟の本願にせよ、兆載永劫の修行にせよ——一つの神話のごとくに語られているが、法蔵の降誕とその衆生救済の働きとは、決して過去のおとぎ話ではなく「現在の信の事実」であるというのが曽我の理解するところであった。

この「信念の主体」としての法蔵菩薩について曽我はさらに次のように語っている。「彼〔法蔵菩薩〕は一面には人間仏としてそのまゝ久遠実成の〔無限の過去においてすでに実際に正覚を得、仏となっている〕阿弥陀如来にして、又同時に他の一面にはそのまゝ救を求むる所の自我の真主観であらせらる。私は此理《ことわ》りをば「如来は則ち我也」と表白し、又「如来我となる」と感じたのである」[22]。法蔵菩薩は阿弥陀如来から等流したものであり、同じ性質をもつとともに、われわれの信の主体、信念の主体でもあるのである。そのことを曽我は「如来我となる」と表現したのである。そのようにしてわれわれに救いの手をさしのべていることを、「如来我となりて我を救ひ給う」と表現したのである。

本章でこれまで「回向」とは何かということについて考えてきたが、「回向」とは、まさにこの如来が我になり、我を救うということだと言うことができる。それが「仏性すなはち如来なり。この如来、微塵世界にみちみちたまへり、すなはち一切群生海の心なり」という言葉が具体的に意味することであると言うことができるであろう。

（1）『西田幾多郎全集』第二十三巻三〇九頁。
（2）『西田幾多郎全集』第十巻三四二―三四三頁。
（3）『西田幾多郎全集』第十巻三三二頁。
（4）『西田幾多郎全集』第十巻三二六頁。

(5)『西田幾多郎全集』第十巻三二六―三二七頁。
(6)『西田幾多郎全集』第十巻三二七頁。
(7)『西田幾多郎全集』第十巻三三四頁。
(8)梶山雄一『「さとり」と「廻向《えこう》」――大乗仏教の成立』(講談社現代新書、一九八三年)一六頁、一五七頁以下。『梶山雄一著作集』第六巻『浄土の思想』二四九頁以下。
(9)曽我量深「感応の道理」、『曽我量深選集』第十一巻一〇三頁。
(10)『曽我量深選集』第十一巻一〇四―一〇五頁。
(11)長谷正當『親鸞の往生と回向の思想――道としての往生と表現としての回向』(方丈堂出版、二〇一八年)一四六頁以下参照。
(12)『梶山雄一著作集』第六巻『浄土の思想』四五九頁以下参照。
(13)『教行信証』「証巻」では「法性はすなはちこれ真如なり。真如はすなはちこれ一如なり。しかれば弥陀如来は如より来生して、報・応・化、種々の身を示し現じたまふなり」(『聖典』三〇七頁)と言われている。
(14)『梶山雄一著作集』第六巻『浄土の思想』四六四頁。
(15)『梶山雄一著作集』第六巻『浄土の思想』四六五頁。
(16)『梶山雄一著作集』第六巻『浄土の思想』四五一頁。
(17)『曽我量深選集』第二巻四〇八頁。
(18)『曽我量深選集』第二巻四一一頁。
(19)『曽我量深選集』第二巻四一七頁。

(20) 曽我量深「地上の救主」、『曽我量深選集』第二巻四一二頁。
(21) 『曽我量深選集』第二巻四一四頁。
(22) 『曽我量深選集』第二巻四一三頁。

9 信仰のダイナミズム（2）——往相と還相

親鸞の往相・還相についての理解

本章では親鸞の信仰のダイナミックな性格を、その往相と還相の理解のなかに見てみたい。

回向の問題をとくに往相と還相との関わりで論じたのは曇鸞である。曇鸞は『往生論註』のなかで、まず回向に往相と還相の二種の相があることを述べている。そして前者について「おのが功徳をもつて一切衆生に回施《えせ》して、ともにかの阿弥陀如来の安楽浄土に往生せんと作願するなり」（『七祖篇』一〇七頁）と記している。つまり、自らの功徳を他の人々にもふりむけ、自分だけでなく、他の人々とともに、阿弥陀如来を見、安楽の浄土に生まれたいと願うことが往相である。還相については、いったん往生した者が、「生死の稠林《ちゅうりん》に回入《えにゅう》して一切衆生を教化して、ともに仏道に向かふなり」（同）と述べている。いったん安楽の浄土に往生しながら、ふたたび深い林のような迷いの世界に立ち戻って、すべての人々を教え諭し、さとりにいたる道をともに歩むことが還相である。

この『往生論註』の箇所に関して、親鸞は『教行信証』の「行巻」「信巻」において、まず往相については「おのれが功徳をもつて一切衆生に回施したまひて、作願してともに阿弥陀如来の安楽浄土に往生せしめたまへるなり」（『聖典』一五九、二四二頁）と、また還相については「信巻」「証巻」において「生死の稠林に回入して、一切衆生を教化して、ともに仏道に向《かえ》らしめたまふ」（『聖典』二四二、三一三頁）と記している。「往生せしめたまへるなり」、「向《かえ》らしめたまふ」というように、ここでもやはり回向の主体を如来に読みかえている。

「正信偈」では「往還の回向は他力による」（『聖典』二〇六頁）、つまり如来の大悲に基づくということがはっきりと言われている。「証巻」では『往生論註』の次の言葉が引かれている。「もしは往、もしは還、みな衆生を抜いて生死海を度《ど》〈渡〉せんがためなり。このゆゑに、〈回向を首として大悲心を成就することを得たまへるがゆゑに〉（浄土論）とのたまへり」（『聖典』三一三頁、二四二頁参照）。「大悲心を成就することを得んとするがゆゑなり」ではなく、「大悲心を成就することを得たまへるがゆゑに」と表現し、往相にせよ、還相にせよ、回向の主体が如来であることを明確に示している。

『高僧和讃』の曇鸞讃のなかでは、「弥陀の回向成就して／往相・還相ふたつなり／これらの回向によりて／心行〈信心も称名の行も〉ともにえしむなれ」、「往相の回向ととくことは／弥陀の方便ときいたり〈その時節が到来して〉／悲願の信行えしむれば／生死すなはち涅槃なり」、「還相の回向ととくことは／利他教化の果をえしめ／すなはち諸有《しょう》に回入して／普賢《ふげん》の徳を修《しゅ》するなり」（『聖典』五八四頁）と詠われている。このように、阿弥陀仏の呼びかけに心から帰順し喜びに満ちあふれて名号を称えることが、自分にふりむけられた阿弥陀仏の慈悲心のはたらきによることが強調され、そして諸有、つまり迷いの世界にいるすべての人々のもとに立ち戻り、あまねく衆生を済度するという普賢（菩薩）のすぐれた慈悲の徳を実践することが、やはり阿弥陀仏の慈悲の心がふりむけられたことによることが強調され、それぞれ「往相の回向」と、また「還相の回向」と呼ばれている。

親鸞は往相と還相とを、阿弥陀仏の慈悲が衆生に向けられ、はたらく際のそのはたらき方、はたらく形であると理解したと言うことができる。「教巻」の冒頭では「つつしんで浄土真宗を案ずるに、二種の回向あり。一つには往相、二つには還相なり。往相の回向について真実の教行信証あり」（『聖典』一三五頁）と言われているが、ふりむけられた阿弥陀仏の慈悲の心を受けとめたとき、「真実の教行信証」、つまり真実の教え、そして真実の行（念仏）、信心、証し（証果）が自分のものとなるのである。「証巻」のなかでも、「それ真宗の教行信証を案ずれば、如来の大悲回向の利益なり。ゆゑに、もしは因、もしは果、一事として阿弥陀如来の清浄願心の回向成就したまへるところにあらざることあることなし」（『聖典』三一二頁）と言われ、往相・還相のすべてが、如来の願心から出たもの、それが実現したものであることが強調されている。

還相回向の重視

親鸞はこのように回向のはたらきの主体を阿弥陀仏のなかに見るのであるが、もう一つ親鸞の信仰の大きな特徴として、「還相回向」が重視されていることを挙げることができる。確かに『教行信証』のなかで親鸞が還相の回向について論じている箇所はそれほど多くない。往相の回向については、「行巻」「信巻」「証巻」のなかで詳細に論じられているが、還相の回向が問題にされているのは、「証巻」のなかほどに出てくる「二つに還相の回向といふは、すなはちこれ利他教化地の益《やく》〔衆生を教えさとして、自由に救うという徳〕なり」（『聖典』三一三頁）という箇所以後においてである。

しかし、この文章に続いて「すなはちこれ必至補処《ふしょ》の願（第二十二願）より出でたり」（同）と言われている。「必至補処」とは、必ず「一生補処」、つまり次には必ず仏として生まれることが約束されている位にいたるということであるが、この第二十二願で、もろもろの菩薩の「本願の自在の所化《しょけ》、衆生のためのゆゑに」（『聖典』一九頁）と言われている。つまり、その本願が自在に現れでたものはすべて衆生のためのものであり、そのめざすところは、「恒沙《ごうじゃ》無量の衆生を開《かい》化《け》して無上正真《しょうしん》の道《どう》を立《りゅう》せしめん」（同）というところにあるということが言われている。無上正真の道を立するとは、無常の菩提、つまり阿耨多羅三藐三菩提を得ることである。そのために、「常倫に超出し、諸地の行現前し、普賢の徳を修習せん」こと、つまり、常なみのことを超えて、菩薩に求められるさまざまな修行を行い、普賢菩薩のすぐれた慈悲の徳を身につけることが求められている。

無数の衆生をさとし導き、すべての人が涅槃を証するようにすることが仏教のめざすところであるという理解がここにはっきりと述べられている。曇鸞が『往生論註』において無上の菩提心とは「衆生を摂取して有仏《うぶつ》〔仏がいる〕の国土に生ぜしむる心なり」とし、「もし人、無上菩提心を発《おこ》さずして、ただかの国土の楽を受くること間《ひま》なき〔絶え間がないこと〕を聞きて、楽のためのゆゑに生ずることを願ずるは、またまさに往生を得ざるべし」（『七祖篇』一四四頁）と述べているのも、そのような理解を表明したものと言える。親鸞が「信巻」でこの言葉を引き、さらに加えて「証巻」においてそれを引いているのも、その曇鸞の言葉に深く共感するところがあったからであろう。

『浄土和讃』「讃阿弥陀仏偈和讃」のなかに出てくる「普賢の徳」の左訓には、「われら衆生、極楽にまゐりなば、大慈大悲をおこして十方に至りて衆生を利益するなり。仏の至極の慈悲を普賢とまうすなり」（『聖典』五五九頁）とある。自らが往生するだけでなく、普賢菩薩のように慈悲心によってあらゆる存在、あらゆる衆生をあまねく救おうとすることが、仏の究極の慈悲であると表明されている。

厭離穢土欣求浄土

この還相回向の重視は日本における浄土教の歴史のなかでも一つの大きな出来事であったと言えるであろう。

平安から鎌倉にかけての時代、人々は末法の世であることを強く意識し、この穢れた現世を離れ、浄土に赴くことを心から願った。第1章で述べたように、源信は『往生要集』のなかで地獄や餓鬼など、輪廻する世界の恐ろしさと苦しさを真に迫るような仕方で描きだし、この生死の世界、つまり穢土から離れ（厭離穢土）、西方の極楽浄土への往生を願うべきこと（欣求浄土）を説いた。ここに典型的に見られるように人々の意識は、いかにして浄土に往生することができるかということに向けられた。『往生要集』では確かに一度、世親の『浄土論』のなかで言われる五念門について、それが何かを述べたあと、続いて「これらの義によりて、心《しん》に念《おも》ひ、口にいへ。修するところの功徳と、および三際《さんざい》（過去・現在・未来）の一切善根とを、その一。自他法界の一切衆生に回向して、平等に利益し、その二。罪を滅し、善を生じて、ともに極楽に生じて、普賢の行願を速疾《そくしつ》に（すみやかに）円満し、自他同じく無上菩提を証して、未来際《みらいさい》を尽すまで（未来永劫に）衆生を利益し、その三。法界に回施して、その四。大菩提に回向するなり。その五。」と言われている（『七祖篇』九六二頁）。しかし、この功徳をすべての衆生に回向するということが、この著作のなかで核心をなす問題として取り扱われているわけではない。曇鸞が使った往相という言葉も、還相という言葉も一度も使われていない。

鎌倉末期に成立したと考えられる仮名《かな》法語（かな文字を用いて主として民衆のために仏教の教えを記したもの）に、『一言芳談《いちごんほうだん》』というものがある。誰が編んだのか詳らかではないが、法然や明遍《みょうへん》など、平安末期から鎌倉初期に出た念仏行者の言葉を集めたものである。この法語集を貫いているのも、ただひたすらに出離を願う思いである。それは生を厭う気持ちに結びついている。この書のなかでもっともよく引かれているのは、法然・明遍の弟子であった敬仏房《きょうぶつぼう》――鎌倉中期に成立した仏教説話集『沙石集《しゃせきしゅう》』に「常州に真壁《まかべ》の敬仏房とて明遍僧都の弟子にて、道心者と聞《きこえ》し高野ひじり」という言葉が見える（第十（本））――の言葉であるが、そのなかに「よろづはたゞ今日ばかりと覚ゆる也。出離の詮要《つまるところ》、無常を心にかくるにある也[1]」というものがある。何事にせよ、ただ今日かぎりであるという思いがする。世の無常をつねに念頭に置いておくことが、生死をくり返す迷いの世界を脱する要であるというのである。敬仙房《きょうせんぼう》という僧の「一生はたゞ生をいとへ」という言葉も引かれている。

彼らの思いは死を願う心に通じる。敬仏房は、「世間出世（世俗の世界にある人もそこから離れた人も）、至極、たゞ死の一事也。死なば死ねとだに存ずれば、一切に大事はなきなり」とも、また「つねに此の身をいとひにくみて、死をもねがふ意楽《いぎょう》（心がけ）をこのむべき也[2]」とも語っている。このようにくり返し生を厭い、死を願うべきことが語られている。

法然はどうであったのであろうか。『選択本願念仏集』には確かに「回向」への言及がある。たとえば「〈回向〉といふは、かの国に生じをはりて、還《かえ》りて大悲を起して、生死に回入して衆生を教化するをまた回向と名づく」(『七祖篇』一二四六頁)ということが一度言われている。しかし、この生死の世界に立ち戻り、衆生を教化するということに力点は置かれていない。

なぜ還相回向を重視したのか

それに対して親鸞は曇鸞が問題にした往相・還相の問題に強い関心を示し、とくに還相の問題に大きな位置づけを与えた。なぜ源信や法然と異なり、親鸞は還相に大きな意味を見いだしたのであろうか。まず注目されるのは、親鸞が往相も還相もともに如来の慈悲のはたらきによると理解したことである。そのために両者は同じ重さをもつと考えられた。同じ重さをもつだけでなく、切り離しがたく結びついていると考えられた。『正像末和讃』で「南無阿弥陀仏の回向の／恩徳広大不思議にて／往相回向の利益には／還相回向に回入せり」と詠われ、「往相回向の大慈より／還相回向の大悲をう／如来の回向なかりせば／浄土の菩提はいかがせん」(『聖典』六〇九頁)と詠われているように、「往相の回向」と「還相の回向」とはひとつにつながったものとして捉えられた。

もう一点指摘できるのは、第2章で述べたように、親鸞が煩悩にまみれ悪に染まって、往生のための手立てをもたずに苦しむ「下類」の人々の救いのことを何より考えた人であったという点である。自らの力では生死の世界から脱することのできない人々、殺生や商いに携わり、救済から排除されてきた人々に対する深い共感が親鸞にはあった。そうした人々を救いの外に置いたままにするのではなく、ともに仏道に向かおうという強い思いがあった。それが還相の重視につながったと考えられる。

還相の行はいつ実現されるのか

先ほど『浄土和讃』のなかに出てくる「普賢の徳」に付された左訓の「われら衆生、極楽にまゐりなば、大慈大悲をおこして十方に至りて衆生を利益するなり」という言葉を引いたが、同じ趣旨のことは、『浄土和讃』のなかでも「安楽浄土にいたるひと／五濁悪世にかへりては／釈迦牟尼仏のごとくにて／利益衆生はきはもなし」(『聖典』五六〇頁)というように言われている。

しかし、このように穢れた世に立ち戻り、無数の衆生とともに救いの道を歩むというのはいつのことなのであろうか。それはいったいいつ実現されるのであろうか。利他教化の還相の行は、はたして浄土への往生というはるか遠い課題のさらにその先にあるものなのであろうか。曽我量深は『救済と自証』(一九二二年)のなかに収められている「祖聖を憶《おも》ひつゝ」のなかで、「還相回向の人と云へば一度念仏往生し成仏してから再び未来世に彼の岸から現実界に還来《げんらい》する人で、夢のやうな理想を語ることのやうに思ふて居つた[3]」と記しているが、このような疑問を抱く人は多いであろう。

『歎異抄』（四）では、「浄土の慈悲といふは、念仏して、いそぎ仏に成りて、大慈大悲心をもつて、おもふがごとく衆生を利益するをいふべきなり。今生に、いかにいとほし不便《ふびん》とおもふとも、存知のごとくたすけがたければ、この慈悲始終なし〔始めと終わりが一貫していない〕。しかれば、念仏申すのみぞ、すゑ〔末〕とほりたる大慈悲心にて候ふべきと云々《うんぬん》」（『聖典』八三四頁）と言われている。聖道門では苦しむ衆生を現世において救おうとして、結局はできないのであるが、浄土門ではそうはしない。いかにかわいそうだと不憫に思っても、結局は助けられないのであるから、それは首尾一貫した態度ではない。まず自らが仏となって、その後、思い通りに衆生に手を差しのべるのが首尾一貫して徹底した慈悲心であるというのである。しかし、われわれは自分が一度浄土へと至り、その後、穢土に還ってきて迷いのなかにある衆生を救うというようなことを、ほんとうにリアリティをもって受けとめることができるであろうか。

もし還相がそのようにはるかな時間の彼方に望まれるものであるとするならば、それは曽我が言うように、夢のような理想、つまりおとぎ話でしかないであろう。しかし、それがおとぎ話であるのは、往相にせよ、還相にせよ、それらが過去から未来に向かって均一に流れる時間のなかの出来事として捉えられるからだということも言える。還相の行は、この計量化された時間のなかにおいてではなく、先に述べた宗教的な時間のなかでのみリアリティをもつ。五濁悪世にかえり、多くの衆生に救いの手を差しのべるということは、この宗教的な時間のなかでリアリティをもって受けとめられる事柄なのである。親鸞は『教行信証』の「証巻」を閉じるにあたって、「大聖《だいしょう》（釈尊）の真言、まことに知んぬ、大涅槃を証することは願力の回向によりてなり。還相の利益は利他の正意を顕すなり」（『聖典』三三五頁）と記しているが、この言葉も、いま言った宗教的時間のなかでなされた経験のリアリティを言い表したものと言うことができるであろう。

曽我量深の「還相」の理解

この「利他」、「おもふがごとく衆生を利益する」ということが、もしおとぎ話でないとすれば、われわれはそれを具体的にどのようなものとして理解することができるであろうか。そのための手がかりを曽我量深の「還相」についての理解のなかに求めることにしたい。

曽我は先ほど引用した「祖聖を憶ひつゝ」のなかで、一度往生してからふたたび現実界に還来《げんらい》するというのは「夢のやうな理想」ではないのかと述べたあと、そのような理解が表面的な見方にすぎないことを言うために、次のように記している。「還相の人は理想界から現実界に還来する人、どこまでも理想を現実の裡に求めて行く真の現実の人である。今日私と交渉し、私が為に活き居られる親鸞は決して往相の人ではなく、実に還相回向の人としての親鸞である。還相回向は外面的には往相回向の影で、往相こそ実物の如く思はるれども、まことは往相をして真に往相たらしむる真の生命は還相に在る。還相は往相の内的生命であり、往相は還相の生命発露の外相に外ならぬ」（『曽我量深選集』第三巻一〇〇頁）。親鸞は曽我にとり、この現実の世界へと立ち戻り、私を導き、私の信心を確かな者にしてくれている「還相回向の人」であるというのである。

『救済と自証』に収められた「自己の還相回向と聖教」のなかでも曽我は次のように述べている。「蓋《けだ》し惟《おも》ふにわが久遠の父として、影の如くにそふ所の祖聖〔親鸞〕は誠に我が還相の姿として、一如の世界からわれに回向せられたものであらふ。如来の還相回向の本願を体して我が前に表顕せられたのであらふ(4)」と記している。如来の回向により、衆生救済の誓いを体現する形で親鸞が私の前に現れてきているという確信がここで語られている。それを曽我は宗教的な時間のなかでリアルに経験していたと言ってよいであろう。

親鸞にとっての「還相回向の人」

このように親鸞が「還相回向の人」であると言うのは、とても理解しがたいと言う人がいるかもしれない。しかし、それは荒唐無稽な主張であろうか。親鸞自身もこの「還相回向の人」と実際に向きあっていたのではないだろうか。

先に注のなかで、『教行信証』「証巻」の「法性はすなはちこれ真如なり。真如はすなはちこれ一如なり。しかれば弥陀如来は如より来生して、報・応・化、種々の身を示し現じたまふなり」（『聖典』三〇七頁）という言葉を引用した。大乗仏教では伝統的に、真如が真如として働くには具体的な形をとらなければならないと考えられてきた。広く衆生を救うためには、その機根、つまりその性質や能力に応じて、さまざまな形をとる必要があると考えられてきた。それは親鸞が『教行信証』の「信巻」「証巻」において引用する『浄土論』および『浄土論註』の五功徳門（五念門の行を修めることによって得られる五つの功徳）のうちの第五の門について述べた、「出第五門とは、大慈悲をもつて一切苦悩の衆生を観察して、応化身を示して、生死の園、煩悩の林のなかに回入して遊戯し、神通もつて教化地に至る」という文章中の「応化身を示して」という言葉のなかにも見てとることができる（『聖典』三三四頁）。

真如が種々の身を示してこの世に現れ、衆生を救う具体的な例を親鸞は釈迦のなかに見ていた。『教行信証』「教巻」の冒頭で親鸞は、『大無量寿経』の大意を解説して、「弥陀、誓を超発して、広く法蔵を開きて、凡小を哀れんで選んで功徳の宝を施することを致す。釈迦、世に出興して、道教を光闡《こうせん》して〔仏道の教えを明らかに説き示して〕、群萌《ぐんもう》を拯《すく》ひ恵むに真実の利をもつてせんと欲《おぼ》すなり」（『聖典』一三五頁）と記している。親鸞はそのうえにさらに法然のすがたを重ねていたと言ってもよいであろう。『高僧和讃』「源空聖人」のなかの「阿弥陀如来化《け》してこそ／本師源空としめしけれ／化縁《けえん》〔人々を導く縁〕すでにつきぬれば／浄土にかへりたまひにき」という詠がそれを示している(5)。ここに「還相の回向」の具体的な経験を見てとることができるのではないかと思う。それは決してファンタジーを語ったものではなく、リアリティをもった経験であったと言えるであろう。

現実の世界にすでに実現されている還相の利他教化

還相の回向はただ遠くに望まれる理想なのであろうか、それとも「還相回向の人」という具体的な姿を取って、われわれに救いの手を差しのべてくれているのであろうか。その点について曽我は「自己の還相回向と聖教」のなかで次のように記している。「我が個性を救ふ所の仏は……我の還相の背後に影現《ようげん》して、われの師父となりて教の眼を回向し給ふ。無上涅槃の霊境は我の往相の行の究極の理想であるが、その涅槃の大用《だいゆう》たる還相の利他教化は遠き未来の理想であらふと思ひきや、現に自己の背後の師父の発遣の声の上に、已に実現せられてある(6)」。

曽我はここで還相の回向は彼方に望まれる理想ではなく、すでにこの現実の世界に生きる私にはたらいているという確信を語っている。還相の回向は、「師父」として私を教え導き、浄土への往生を強く勧めて、背後から後押ししてくれる釈迦や法然の声のなかに現れ、そしてその声に心からの信頼を寄せる私に響き渡っている。あるいはむしろ、衆生が実際に感じとっているのは、この師父の声であり、その恩徳であると言った方がよいのかもしれない。そこに如来の慈悲が重ねあわされ、それが還相の回向と呼ばれているのである。

それがはたらくのは、往生してからのちの、はるか彼方に望まれる未来においてではなく、どこまでも衆生が救いを求めてやまないこの現実の世界においてである。このことがここで言われている。還相の回向は、私を教え導き、浄土への往生を強く勧める釈迦や法然の声のなかにすでに実現されている。それによって私の浄土への歩みが支えられ、可能となっている。先ほど引用した曽我の文章中で「往相をして真に往相たらしむる真の生命は還相に在る」と言われていたが、この逆説的な言葉が意味しているのはこのことであると言ってよいであろう。

往相と還相とは多くの場合、時間を隔てたところに成立する出来事であるかのように受け取られている。しかしはたしてそうであろうか。曽我が「還相は往相の内的生命であり、往相は還相の生命発露の外相に外ならぬ」と言うように、両者は同じとき・ところで成立しているのではないだろうか。

曽我は「感応の道理」のなかで「往相を歩くところに還相が輝いて来るのであつて、南無阿弥陀仏に往・還の二つがあるのであります。本願南無阿弥陀仏にはこの二つが具つてゐるのであつて、それ以外に還相はないものであると思ふのであります」[7]と記している。名号を称え、阿弥陀仏に帰命する、そこに還相が輝きでている、別のところにそれがあるのではないということが言われている。そのことを曽我は「われ〳〵は未来を直線に見るが、未来と現在は円環を描いてゐる」と言い表している。

武内義範の「道」

武内義範もまた、「親鸞思想の根本問題」のなかで、往相と還相とが時間的に前後したものではなく、一体のものであることを語っている。そのことを言うために武内はいわゆる「往還《おうかん》」、つまり人が行っては還ること、そのことが成り立つ場所である「道」を手がかりにしている。道はもちろんある目的地に行くために利用されるものであるが、道は単に行き来する往来であるだけでなく、人が出会う場所でもある。その点に注目して武内は次のように述べている。

「道というものは、私が道を歩むというときに、その道において汝に出遇う。その汝は涅槃からの、彼岸からの人として出遇う。親鸞にとって法然はそういう人であったわけであるが、そういう形で私と汝の出遇いのあるところに本当の道があり、道としての汝がある。往相と還相というものの道のあり方である。往相のあるところに還相があり、還相があるところに往相がある。……往相・還相が一つであるところに道がある、それが念仏の道というものの考え方ではなかったか」(8)。道のほんとうの意味は「私と汝の出遇い」にあるというのである。そのような出遇いを親鸞は法然とのあいだで果たした。それは彼岸からの人との出遇いという意味をもっていた。そういう出遇いが成立する場所が道であるというのが武内の理解である。

そこで出遇われる汝は「道」であると言われているのも、たいへん興味深い。出遇われる汝とそこで出遇いが成立する道とが同じものとして理解されているのである。彼方《あなた》からの人である法然は道（仏道）でもあったのである。親鸞は彼方からの人である法然に、彼方からのものである道において出遇い、汝《あなた》を彼方《あなた》（彼岸）として受けとめたのである。そういうところでは出遇いの場所である道もまた人格的な性格を帯びると武内は言う。そしてそこでは往相と還相が一つになっていると武内は言う。そのように両者が一つになり、彼方のものとの出遇いが果たされる場所である道、それが「念仏の道」なのではないか、という問いかけを武内はここで行っている。それは人との出遇いがきわめて表面的なものになってしまっている現代人の生き方に向けられた問いであったと言ってもよいかもしれない。あるいは、信仰における出遇いというものの意味を十分に理解せず、ほんとうの意味で「念仏の道」を歩むことを追求できないでいる人々、そして往相と還相とをただ形の上（文字の上）でのみ理解している人々に対する問いかけでもあったと言ってもよいであろう。

武内の往相・還相の理解においてもう一つ重要な点は、武内が、念仏の道というものが私ひとりに閉じたものではないことを強調している点である。「往相と還相ということは、自信教人信の自信と教人信のような関係であり、私が信仰を得るということは、私が他の人に信仰を与える教化活動と一つになって働いたときに、初めて満たされる。私と阿弥陀仏との関係は、単に私と汝という関係にとどまるものではなく、いつも私が他の人に阿弥陀仏の慈悲を伝えるという教化活動を伴わなければ、信仰が信仰にならない。……そういうふうにして、念仏の道というのが社会的に、世界の中に、展開していかなければならない」[9]。私が歩む念仏の道は、彼岸からの人と出遇う道であるだけでなく、その歩みが同時に他の人に阿弥陀仏の慈悲を伝えるという役割をも果たすのである。そういう意味でも、往相が還相と一つになっている。信仰が信仰になるのは、そのように二重の意味で往相と還相とが一つであるところにおいてであるというのが武内の理解であった。ここからわれわれは多くのものを学ぶことができるであろう。

久松真一の言う「絶対無的主体」と還相

久松真一は『人間の真実存』（一九五一年）に収められた「絶対無的主体の絶対有的妙有」のなかで「浄土真宗批判」の節を設け、そのなかで還相の問題について論じている。興味深い論点を提示しているので、その還相についての理解をここで見ておきたい。

まず久松は、仏教が「絶対無的主体」の確立をめざすものであることを主張している。「絶対無的主体」とは、すべてのとらわれを脱し、正覚を得た人間のあり方を指す。久松はそれを「「真空」「妙有」という人間の在り方」[10]と表現している。あるいはまた時間空間を絶した無相の、つまり色や形のない法性であるとも述べている。

往相・還相については、久松はここで『教行信証』「証巻」で言われている「利行満足」（『聖典』三三二頁）、つまり自利利他の二つの行が満足する菩薩行の完成と結びつけて理解している。先に触れたように、世親は『浄土論』の最後のところで、浄土に往生するために必要な五つの行を修することによって得られる五つの功徳について述べている。最初の四つの入門（近門・大会衆門・宅門・屋門）が往相にあたり、第五の出門が還相にあたるが、久松は、衆生の生死の園に、そして煩悩の林に分け入っていくこの第五の「園林遊戯地門」において、人は言わば心のままに自在であり、生死に入ってしかも生死に染まないとしている。というのも、そこで人は「無時間・無空間的な主体」[11]として自由に活動しているからである。久松の理解では、それが往生である。そこでは仏と衆生とがもはや別のものではない。それが滅度であり、涅槃である。そこでは「形のない私」が何ものにもとらわれず、自由に慈悲の行を行ずる。そしてこの「無時間、無空間的な私が、時間空間的な形をとって出て行く」。これが還相の行にほかならない。「還相において初めて、本来の人間の在り方、人間の真実の在り方というものがある」[12]と久松は言う（久松における還相の重視がここから明瞭に見てとれる）。そして「その外に別に仏というものはない」とも述べている。そこにまさに「絶対無的主体」が現成している。

久松の浄土真宗批判

「絶対無的主体の絶対有的妙有」と同じく『人間の真実存』に収められた「究極の仏教的生活としての還相行」のなかで久松は、この「絶対無的主体」という自己のあり方を「滅度的実存」という独自の表現で言い表している。この実存は「いま・ここ」を離れたものではない。「いま・ここ」にありつづけ、「いま・ここ」のなかで「利行満足」を成就する。利他の行に関して言えば、それは「無縁の大悲」、つまり条件を付けない、すべての人に対する慈悲により、「未だ証していない人を証せしめる」。「現実的な人間を、謂わば浄土的な人間に転ずる」[13]ことがそのめざすところである。これこそが還相の行の成就にほかならない。

久松の理解ではそこにこそ仏教の本質がある。浄土真宗がめざすものも、あるいはめざすべきものもそこにある。「還相的生活が、われわれの本来の在り方でありますが、それが本来の真宗でありま す[14]」と述べている。しかし浄土真宗では、死んでからでなくては、つまり現生から去らなければ、極楽往生という極果を得ることができないとされる。「真宗では、現実の私どもが如何に信を得ても現在還相であることは決して出来ない」。つまり、現生において還相位の主体が自由にはたらくということがない。そこに久松は浄土真宗の不徹底を見る。

また久松によれば、この還相のはたらきこそが、つまり法性法身から出てくる方便法身こそが「弥陀」にほかならない。しかし、浄土真宗ではこのほかに「他者的な弥陀」を立てる[15]。そこにも不徹底があると久松は言う。

私は、この久松の批判は非常に重要な点を指摘していると思う。もし往生し成仏してからふたたび現実の世界に立ち戻り、迷いのなかにある人々に救いの手を差しのべるという「夢のやうな理想」を語るだけであれば、何も語らないことに等しいからである。しかし私は、この久松の批判は一面的であるとも考える。第5章で述べたように、「往生」を一つの「道」として捉える見方もあるからである。つまり、「持続する時間」のなかで真実の信心とともに「新しい浄土の生」を歩むということが、浄土真宗のめざすものであると考えることができるからである。もちろん、この「道」を実際に歩むかどうか、歩めるかどうかは、それぞれの人の「決断」にかかっている。そしてそれは――とくに現代のような欲望の時代では――決して容易ではない。しかし、実際にこの「道」を歩むことができるとすれば、それは久松の言う「滅度的実存」と大きく違うものではないと私は考えている。

田辺元の「還相」理解

田辺元は一九三〇年代にいわゆる「種の論理」を中心に置いた独自の哲学を作りあげていったが、やがて日本が敗戦に向かう時期に、理性を原理とした哲学の行き詰まりを自覚し、それまでの自らの哲学の営みに対する反省の上に立った「懺悔道」を歩むことを決意した。そこに構想されたのが「懺悔道としての哲学」――その本質を田辺は「他力の哲学」と言い表している――であった。その際に導きの糸としたのが親鸞の『教行信証』であった。この書において親鸞は懺悔を主要な契機として説いてはいないが、しかしそれがその地盤となり、背景となっていることを田辺は読み取ったのである。一九四四年に京都哲学会の公開講演会において行った講演の記録である「懺悔道――Metanoetik」のなかで田辺は、『教行信証』を「懺悔に依って自ら救われた立場における仏の賛美の書」[16]であるとしている。徹底して悪を自覚し、自己を拋棄するという懺悔の道を歩いた先達としての親鸞から「誘発的指導」を受けながら、田辺は「懺悔道としての哲学」を構築しようとした（次章二四二頁以下を参照）。そこでとくに注目したのが、一つは「三願転入」であり（この点についても次章で触れたい）、もう一つが「還相」であった。田辺はこの「還相」の概念について独自の理解を示しており、それをここで見ておきたい。

田辺の「還相」理解の特徴は、それを単に、浄土に往生した者がふたたび現世に立ち戻り、迷いのなかにある衆生に手を差しのべるということとしてだけではなく、さらに「絶対還相」というものを考えた点にある。

田辺によれば、絶対者たる如来がその絶対性を発揮するのは、相対者とまったく関わりをもたないもの、つまりどこまでも絶対的なものとしてあることによってではなく、「常に下方相対に向って進出降下する」ことによって、つまり「相対者たる衆生の救済に降下する」[17]ことによってである。これが「絶対還相」である。具体的には、法蔵菩薩として因位《いんに》の修行（さとりという果を得るためになされる修行）を修することがそれである。そしてその結果、ふたたび如来の地位に復帰する。ただそれは相対者の還相（相対還相）を媒介にしていることを田辺は強調する。法蔵菩薩の修行が相対者に対して模範を与え、それに倣う相対者の行為によって、他の相対者が教化される。そしてさらにその相対者が次の相対者を教化する。この媒介を通して絶対者は自らの意図を実現し、自らが何であるかを示す。絶対者は相対者を媒介にしてのみ絶対でありうるのである。田辺の理解では絶対の本質はこの「絶対媒介」にある。親鸞の「還相」の理解は、この絶対の本質を明らかにする手がかりになると田辺は考えたのである(18)。

田辺は親鸞の「還相」の理解に「傾倒」をしたと記しているが、その「傾倒」のもう一つの理由は、「還相の社会性」にある。『懺悔道としての哲学』（一九四六年）の「序」においても田辺は、「懺悔道が親鸞の教行信証に指導せらるるに及び、それは後者の還相回向なる深き思想に導かれて、特異の宗教的社会思想を示唆せられる(19)」と記している。往相と還相、還相と往相の連鎖のなかに生まれる「共同性」、つまり平等でしかも相互に支えあう関係の成立（田辺はそれが、自らが構想する「種の論理」に立脚する社会存在論に呼応すると考える）に田辺は注目する。それが「相共存協力して相互教化的に秩序的平等の社会を実現する(20)」という戦後社会が直面していた焦眉の課題に大きな示唆を与えうると田辺は考えたのである。この田辺の考察は、親鸞の信仰を現代において改めて見直す一つの方向を示していると言うことができるであろう。

(1)『日本の思想』5『方丈記・徒然草・一言芳談集』(臼井吉見編、筑摩書房、一九七〇年)三一二頁。
(2)『方丈記・徒然草・一言芳談集』三〇九、三一六頁。
(3)曽我量深『救済と自証』(丁子屋書店、一九二二年)、『曽我量深選集』第三巻一〇〇頁)。
(4)『曽我量深選集』第三巻一五五頁。
(5)寺川俊昭『親鸞の信のダイナミックス――往還二種回向の仏道』三三〇頁以下参照。
(6)『曽我量深選集』第三巻一五六頁。
(7)『曽我量深選集』第十一巻一六七頁。
(8)『武内義範著作集』第一巻三七三頁。
(9)『武内義範著作集』第一巻三七六頁。
(10)久松真一『人間の真実存』(法藏館、一九五一年)、『久松真一著作集』(理想社、一九六九―一九八〇年)第二巻三六八頁。
(11)『久松真一著作集』第二巻三七四頁。
(12)『久松真一著作集』第二巻三七五頁。
(13)『久松真一著作集』第二巻三八八頁。

(14)『久松真一著作集』第二巻三八〇頁。

(15)『久松真一著作集』第二巻三七八頁。

(16)田辺元「懺悔道――Metanoetik」、藤田正勝編『田辺元哲学選』（岩波文庫、二〇一〇年）Ⅱ『懺悔道としての哲学』二七頁。

(17)田辺元『懺悔道としての哲学』、『田辺元哲学選』Ⅱ・四〇八頁。

(18)田辺の「絶対還相」についての理解は、先に見た曽我量深の「還相」理解に通じるところがある。逆に――名和達宣が指摘しているように――曽我は、こうした田辺の「絶対還相」についての理解を踏まえて「大還相」について語っている。「仏が本願をおこすのは還相である。それを念ずるとき我々の往相があるので、往相は既に大還相の中に成立する、そこから又第二次の還相が出て来るのである。……斯の如く還相とは小さなものではなく大還相である。（田辺元博士はこれを絶対還相と言つてゐられる）」。『曽我量深講義集』第一巻『本願成就』（彌生書房、一九七七年）一二七頁。名和達宣「「三願転入」論の波紋――曽我量深から京都学派、現代へ」、親鸞仏教センター（真宗大谷派）編『近現代『教行信証』研究検証プロジェクト研究紀要』第2号、一七五頁参照。

(19)田辺元『懺悔道としての哲学』、『田辺元哲学選』Ⅱ・四二頁。

(20)田辺元『懺悔道としての哲学』、『田辺元哲学選』Ⅱ・四三三頁。

10 信仰のダイナミズム（3）――三願転入

三願転入とは

第3章で見たように、親鸞はつねに自らの信仰、自らの心の動きに目を向け、動いてやまないその動きやゆれを直視した人であった。そしてそれを言葉にしていった。親鸞が残した文章を読むと、信仰は一直線に深まっていくのではなく、前に進み、後ろに後退し、そして徐々に深まっていくことがわかる。いわゆる「三願転入」もそれを示している。

「三願転入」とは、親鸞が、法蔵菩薩が衆生救済のために立てた四十八の誓願のうちの方便の願とされる第十九願（諸行往生）、第二十願（自力念仏往生）を経て、真実の願である第十八願（他力念仏往生）へとその信仰を深めていった過程を言う。親鸞は『教行信証』の「化身土巻」において、その過程を自ら次のように記している。「ここをもつて愚禿釈の鸞、論主《ろんじゅ》の解義《げぎ》を仰ぎ、宗師の勧化《かんけ》によりて、久しく万行諸善の仮門《けもん》を出でて、永く双樹林下《そうじゅりんげ》の往生を離る。善本徳本の真門に回入《えにゅう》して、ひとへに難思《なんじ》往生の心を発《おこ》しき。しかるに、いまことに方便の真門を出でて、選択《せんじゃく》の願海に転入せり。すみやかに難思往生の心を離れて、難思議《なんじぎ》往生を遂げんと欲す。果遂《かすい》の誓（第二十願）、まことに由あるかな」（『聖典』四一二―四一三頁）。

おおよその意味は次の通りであろう。

世親の解釈を仰ぎ、曇鸞の勧めに従って、久しくもろもろの行や善を勧める第十九願の仮の教え、つまり方便の教えを出て、永く仏の方便により仮に現れた国土（双樹林下とは釈迦が入滅した沙羅双樹のもとという意味。この仮の国土では、仏の入滅を見ることがあるとされるのでそう呼ばれる）への往生から離れた。念仏（自力の善根や功徳から生まれる念仏）を勧める第二十願の真実の法門に入り、ひたすらに、人間の力では思いはかることのできない阿弥陀仏の広大な徳による浄土（この場合は真実報土ではなく仮の浄土）へ往生したいという心を起こした。しかし、いままさにこの「方便の真門（仮のものという性格をもつ真実の法門）」を出て、大海にも喩えられる、阿弥陀仏がことに重要なものとして選びとった誓願である第十八願の真実そのものの立場へと転入した。すみやかに仮の浄土への往生（難思往生）を遂げたいという思いを離れて、やはり人間の思慮や言説でははかり知ることのできない真実報土への往生を遂げたいと願う。（思い返せば）第二十願という必ずその願いが実現される誓いが立てられたのは、まことに意義深いことである。

信仰の深まりとしての三願転入

「三願転入の文」と呼ばれている文章であるが、最初に「ここをもつて愚禿釈の鸞……」と言われているように、親鸞はこのあと記すことが自らの歩んだ道であることをはっきりと宣言している。この点にまず注意を向けておく必要がある。そして親鸞は、この自らの歩みを、『無量寿経』で説かれている法蔵菩薩の衆生救済のための願、つまり四十八の誓願のうちの第十九願、第二十願、第十八願という三つの願と結びつけて説明している。

第十九願というのは、「たとひわれ仏を得たらんに、十方の衆生、菩提心を発し、もろもろの功徳を修して、至心《し》発願《しんほつがん》してわが国に生ぜんと欲《ほっ》せん。寿《いのち》終るときに臨んで、たとひ大衆と囲《い》繞《にょう》してその人の前に現ぜずは、正覚を取らじ(1)」というものである。この第十九願で言われているような、もろもろの功徳を積んで阿弥陀仏の国に生まれることをめざす段階が長く続いたことが「三願転入の文」でまず言われている。「万行諸善」という言葉が示すように、この段階では明らかに自力の修行によって浄土への往生がめざされていたと考えられる。

次に、この自力の段階から「善本徳本の真門」、つまり第二十願の真実の法門への転入を経験したことが言われている。第二十願とは、具体的には「たとひわれ仏を得たらんに、十方の衆生、わが名号を聞きて、念《おもい》をわが国に係《か》け、もろもろの徳本を植ゑて、至心回向してわが国に生ぜんと欲せん。果遂せずは、正覚を取らじ(2)」という願のことである。もろもろの功徳の根本である名号を聞き、それを称えて、阿弥陀仏の慈悲の心や本願の力を心から信じ、その国に生まれたいと心から願う境地に立ちえたことが、この「善本徳本の真門に回入し」という言葉で語られている。

ただそれは「方便の真門」であると言われている。矛盾する表現がなされているが、この「方便の真門」は何を意味するのであろうか。それが「方便」と呼ばれる理由を親鸞は『三経往生文類』のなかで、「善本徳本の名号を選びて万善諸行の少善をさしおく。しかりといへども定散《じょうさん》自力の行人《ぎょうにん》は、不可思議の仏智を疑惑して信受せず。如来の尊号をおのれが善根として、みづから浄土に回向して果遂のちかひをたのむ」（『聖典』六三五頁）と説明している。方便の真門（第二十願の立場）へといたりえた人は、自力でもろもろの行や善を修めようとする小さな善を捨ておいて、名号を称えることを選ぶ。しかしそれはなお自らの力を恃む念仏であり、その人は「定散自力の行人」であると言わざるをえない。つまり、心が乱れないように修行したり、心が定まらずさまざまな善を積み重ねようと修行したりする自力の人である。そうした自力の人は、衆生の理解を超えた仏の智慧に対して疑念を抱き、それをそのまま受け取らずに、弥陀の名号を称えることを自らの功徳によるものと考え、その功徳をふりむけることによって浄土への往生を果たそうとしている、したがってなお不十分な立場であるというのである。

最後に、この不十分な立場を超えでて「選択の願海」に転入したことが言われている。他を選び捨てて、衆生救済のためにこれこそとして選びとられた誓願、つまり第十八願のなかに表現されている如来の心のなかに踏み入ったというのである。第十八願とは、第1章で記したように、「たとえわたしが仏になることができても、すべての人々が、心の底から深く信じ、わたしの国に生まれたいと願い、十たび念仏を称えるのでなければ、わたしは決してさとりを開かない」という願である。至心信楽の願とも、念仏往生の願とも呼ばれる。このように自力に執着した段階から出発し、他力の立場へ、しかしなお自力への執着を残した立場から本来の他力の立場へと自らの信仰が深まっていったことを親鸞は記している。

三願転入は親鸞が実際に歩んだ道か

「三願転入の文」は、親鸞自身の信仰の深まり、そのダイナミックな展開を表現した文章としてこれまで多くの人々によって注目されてきた。

それと同時に、それは親鸞自身の実際の信仰の歩み、実際の宗教体験を記したものであるのかということも問題にされてきた。この疑問に対しては、「三願転入の文」が「ここをもつて愚禿釈の鸞」というように、はっきりと親鸞自身の名がまずはじめに掲げられていることからも、また「しかるに、いまことに方便の真門を出でて」といったリアリティのある表現からも、たいていの場合、親鸞自身の信仰の体験を踏まえたものと受けとめられてきた。

そのような前提のもとで、さらに問われたのは、この三つの段階は、それぞれ親鸞の実人生にあてはめたとき、どの段階にあたるのかということであった。法然を吉水の草庵に訪ね、その言葉を聞いて、これこそ正しい教えであると堅く信じたとき第三の段階に転入した説もあれば、それを第二の段階への回入と見なし、第三の段階にいたったのは、越後に流されたとき、あるいは関東での布教時代のある特定の時点であるといったさまざまな説が立てられてきた。この問題については、たとえば古田武彦が『親鸞思想――その史料批判』のなかで詳細な検討を行っている。(3)こうした研究は、親鸞研究として大きな意義をもった研究であると言うことができる。

しかし他方で、ほんとうに三つの宗教的な境地を親鸞の生涯の具体的な時期にあてはめることができるのであろうかという疑問もまた生まれてくる。

三木清は、一九四五年三月に治安維持法違反の容疑者をかくまい、逃亡させたという嫌疑で検挙されたが、敗戦後も釈放されることなく、その年の九月に獄中で死去した。その後、埼玉の疎開先に『親鸞』と題した原稿が残されていることがわかった。この遺稿のなかで三木は魅力ある親鸞像を描きだしている。三願転入もその重要なテーマの一つであった。この「三願転入の文」について三木は、それは「歴史的事実」の告白ではあるが、しかし「客観的な歴史記述」ではないと述べている。(4)確かに、自らがいたりえた立場から、かつての自己のあり方をふり返ったものであり、自分が歩んできた道を回顧したものである。その意味で歴史叙述ではあるが、しかし客観的な事実を記述したものではない。それは、かつての自己のあり方に対する「批判」を含んでいる。もちろん、かつての段階は単純に否定されているのではない。新しい段階はかつての段階を踏み越えたものであり、そういう仕方でかつての段階をそれ自身のうちに含んでいる。しかし、かつての段階はそのまま新しい段階に取り入れられているのではない。かつての段階は、どこに不十分な点があったのか、どのようにしてより高い段階のなかに取り入れられていったのか、そういう視点から見直され、位置づけなおされている。そのように最後の段階からふり返られた自らの歩みがこの「三願転入の文」のなかには記されているというのが三木の考えであった。

したがってこの信仰の歩みは客観的な事実を記述したものではない。そうであるとすれば、個々の段階について、機械的に順序や年代を決定することはできない。三木の表現で言えば、そこでは体験と論理とが、言わば「詩と真実」とが一つになっている。それは単なる事実の継起としての歴史にではなく、「一層深い歴史」に属している。(5)

三木が言うように、おそらくわれわれは「三願転入の文」で問題にされている三つの段階を歴史的な事実の継起とは異なったレヴェルで理解しなければならない。しかしまちがいないのは、親鸞が自らの信仰の歩みをそのような形でふり返ったということ、そのような形で自らが歩んできた道を告白したということである。そのような意味でわれわれはこの「三願転入の文」を理解しなければならないと考える。

キェルケゴールの実存の三段階

三願転入のなかで取りあげられている信仰の三つの段階については、それがあくまで親鸞個人の歩みであり道程であって、他に例を見ない独自なものなのか、それとも宗教的意識の発展のプロセスとして他に類例を見いだしうるものなのか、したがってまたそれを一つの類型として比較という観点から、あるいは普遍的な視点から考察しうるのか、といったことも問題になりうる。

たとえば、浄土真宗の信仰の枠内で言えば、誰であれ、純粋な他力の立場に立つためには、自力の修行によって浄土への往生をめざす段階、そして名号との出会いを果たしながら、そこでなお自己自身への執着を捨てきれない段階を必ず経なければならないのか、といったことが問題になりうるであろう[6]。他方、浄土真宗の信仰から離れて、他の諸宗派の、さらにはキリスト教など他の宗教における宗教的意識の発展のプロセスと比較したとき、この親鸞の歩みの特徴ないしその意義がどこにあるのかといったことも問われうるであろう。

そのような試みをするとき、親鸞の具体的な経験が類型化されることになるが、宗教経験を普遍的な視点から問題にするときには、それは避けて通ることのできない手続きであるということも言える。そうした手続きを通してなされた興味深い考察に武内義範のものがある。武内は『教行信証の哲学』や「親鸞」と題した論考（梅原猛ほか著『日本仏教――この人と思想』所収）などのなかで、親鸞の三願転入をキェルケゴールの内在的宗教から超越的宗教への転換と比較している。

キェルケゴールは『あれか―これか』『人生行路の諸段階』『哲学的断片への結びとしての非学問的後書き』などの著作のなかで、いわゆる「実存の三段階」について論じた。最初の段階は享楽を追求する美的段階である。この段階にある者は享楽の根底にある絶望を意識し、やがて次の倫理的段階に移っていく。この段階において人は、自己の内にある永遠性を意識し、自己を普遍的な自己、社会的な自己へと形成していこうとする。しかしこの試みは、理想と現実とのあいだの決して埋めることのできない間隙を前にして挫折する。そして次の宗教的な段階へと移っていく。そこで人は、自己の永遠の救済のために自己の内面に沈潜し、そこに永遠の幸福、絶対的な善を見いだそうとする。しかしこの最初の宗教的な実存（宗教性A）は、結局自己の変革を成し遂げることができずに苦悩し、自己を責めさいなむにいたる。この段階を経て、超越的な宗教の段階（宗教性B）に移りいく。そこでは具体的にある特定のものとして歴史において現れた超越的な神によってこそ救済が可能になることが言われる。キェルケゴールはそれが逆説をはらむことを強調する。神が貧しい大工の子となり、犯罪人として処刑されたという、悟性の理解を超えた逆説がそこにはある。しかしこの逆説に直面して、決断を通して信仰を選び取ることによってはじめて救済が可能になるというのがキェルケゴールの考えであった。

武内は、キェルケゴールの言う美的な段階と倫理的段階が親鸞の言う第十九願の立場に、内在的宗教（宗教性A）の段階が第二十願の立場に、さらに超越的宗教（宗教性B）の段階が第十八願の立場にあたるとし、その比較を通して親鸞の信仰の特徴を浮き彫りにしようとしている。たとえばキェルケゴールにおいては、内在的宗教と超越的宗教のあいだの「ダイナミックな断絶と発展を含んだ結びつき」が問題にされながら、しかしその結びつきが必ずしも十分に論じられていないことを指摘している。(7)

ニーチェの「三つの変容」

武内はさらにニーチェにも目を向けている。ニーチェの『ツァラトゥストラはこう語った』のなかに「三つの変容」と題したアフォリズムがある。まず最初に登場するのはラクダである。ラクダは可能なかぎり多くの荷（道徳などの世俗の価値）を背負おうとする忍耐強い精神である。ラクダは荷を背負いながら沙漠へと向かう。沙漠は世俗の、あるいはキリスト教社会の価値体系を背負いつづけることの無意味さを象徴している。そこでラクダはすべての荷を放りだし（世俗の価値をすべて否定し）、自らがすべてのものの主となろうとして獅子に変身する。しかしすべてのものを自分のものにしようとする獅子が、そこで赤子に変身する。古い価値を否定するだけでなく、新しい価値が創造されなければならないからである。赤子は無垢ですべてのものを忘却する。それがすべてのものの新しい始まりとなる。そしてそこに新しい価値が創造される。この新しい価値の創造がニーチェのめざすものであったと言える。

このアフォリズムに武内は三願転入を重ねあわせる。かつて自分を縛っていた諸価値を否定し、自由を手にしようとする獅子のなかに、「「たとえ大千世界に満てらん火をも過ぎ行きて如来の御名を聞」こうとする第二十願の決定心」を見ようとする。そして獅子の「否定の精神、勇猛の精神、破壊の精神」の根底から現れでてくる赤子の「柔軟の精神」のなかに阿弥陀仏の本願を「至心信楽」する衆生を見ようとする。(8) このように現代の精神境位において現れてきた思想から三願転入のプロセスを見直すこともたいへん興味深い試みである。そこから親鸞の信仰の、あるいは浄土真宗の信仰の新しい理解の可能性が開かれてくるかもしれない。

「三願転入」のダイナミズム

三願転入をめぐっては、このようにこれまでもさまざまな観点から問題にされてきたし、これからも問題にされていくであろう。しかし、ここではそうした関心から離れて、「三願転入の文」をあくまで親鸞の自らの信仰の歩みに関する告白の文章として読み、そのなかに見いだされる親鸞の信仰のダイナミックな動きに焦点をあわせることにしたい。

まず注目したいのは、「三願転入の文」のなかの「しかるに、いまことに方便の真門を出でて」の「いま」である。それは第5章で述べた「とき」であり、「瞬間」である。もちろん、この信仰の深まりを示すプロセスそのものが宗教的な時間のなかの出来事である。それが始まる前に「決断」があったはずである。しかしその決断によって得られた信心はそれで完成した形をとるのではなく、それ自身のなかでどこまでも深まっていく。そのプロセスのなかで、また決定的な転換を経験する。それをこの「いま」が示している。この「いま」という瞬間に成立した跳躍によって、これまでとは次元を異にしたところに立つ。その決定的な転換を「三願転入の文」は記している。

さて武内は『教行信証の哲学』において、「三願転入の文」の「いまことに方便の真門を出でて、選択の願海に転入せり。……果遂の誓、まことに由あるかな」という文章に続いてすぐに「ここに久しく願海に入りて、深く仏恩《ぶっとん》を知れり」（『聖典』四一三頁）と言われている点を取りあげ、この「いま」と「久しく」のあいだに矛盾があるのではないかということを指摘している。しかし武内は同時に、この一見したところ矛盾であるものは、「第十八願の精神はただ一度第二十願から転入して第十八願となってしまうのではなく、第十八願は絶えず第二十願を自己疎外によって成立せしめつつ、またさらにそれを消滅契機として否定し、第十八願に転入せしめ続けねばならない[9]」と解釈することで解消するのではないかとも述べている。この第十八願の自己疎外の問題については、あとで詳しく見てみたいが、この「いま」と「久しく」の問題については、筆者は次のように考えている。第5章で信仰が成立する宗教的時間は、計量化された時間のなかの一瞬ではなく、持続する時間であるということを言ったが、「久しく」というのはこの持続する時間のことであると言うことができるであろう。われわれは一方では、われわれの信仰を、そのように持続する時間という観点から見ることもできる。しかしまた、われわれはこのような信仰の歩みのなかで（ゆらぎを経験しながら深まっていく歩みのなかで）、永遠なるものに触れ、われわれの生き方が根本的に変わる決定的な「とき」を経験することもある。とくにこの経験を指して「いま」と言うことができる。このように考えている。

永遠が湧出した泉としての「いま」

この「いま」について武内は、永遠と時間とが触れることによって生まれた「回心の現在」と解するとともに、次のように述べている。「現在の瞬間において永遠と接触した宗教的実存は、この接触によって現（存）在の深い根底が永遠であり、現（存）在とは永遠の湧出した泉にほかならぬことを自覚する。宗教的実存の現（存）在はこうして絶えず永遠によって現在から現在へと湧き上がりつつ現在化するものとなる(10)」。「いま」は、そして「いま」という宗教的時間においで永遠なるものと接触した「いま・ここ」に生きる人間は、それ自身の深い根底である永遠なるものから湧き出てくる泉であるというのである。そして「いま・ここ」に生きる私は、絶えず永遠なるものから湧き上がり、現在化し、現在から現在へと移っていく。ここでも、永遠なるものと接触する「いま」が、経験的時間のなかの一瞬間ではないことが言われている。それはたえずくり返しくり返し「いま」となっていくのである。そこでは「いま」がそのまま持続的な時間になっている。

石田慶和は『信楽の論理』（一九七〇年）のなかで武内の理解を踏まえながら、第十八願の立場について次のように述べている。「真実信楽の現前する第十八願の立場は、「時間」が根源的に突破され、その影をもはや止めぬ立場である。それは「時間」が自らを徹底することによってひらいたのではなく、むしろ「永遠」が「時間」の中に自己を実現することにおいて成立した立場である(11)」。「「永遠」が「時間」の中に自己を実現する」という表現は西田幾多郎の時間論を踏まえたものと考えられるが、武内の「現（存）在とは永遠の湧出した泉にほかならぬ」という主張を言いかえたものでもあるであろう。また松原祐善はここで問題にした「いまことに」の箇所に関して、『親鸞と末法思想』（一九七一年）のなかで次のように述べている。「「今特に」とは、必ずしも前述してきた如く暦の年時を以て抑えられるべき時ではなく、まさに「速に難思往生の心を離れて、難思議往生を遂げんと欲ふ」今である。それは正しく三願転入を通路として開けた信楽開発の一念であり、その一念は永遠の過去と永遠の未来を含む、永遠の現在の一念である。永遠の未来の現行《げんぎょう》する今として存在の根源より開けきたりし宗教的自覚の時と受けとるべきものと思う(12)」。ここにも西田や武内の理解が生かされているように思われる。

顕彰隠密のダイナミックス

先に、「三願転入の文」は自らの信仰の歩みを、最後にいたりえた立場からふり返ったもの、回顧したものであると言った。第十八願の他力の立場から見て、そこにいたるためには何が乗りこえられなければならないのかがそこには記されていると言ってもよいかもしれない。

その点と関わって興味深いのは、『教行信証』の「化身土巻」において「顕彰隠密《けんしょうおんみつ》」ということが言われている点である。「顕」とは、「顕説《けんぜつ》」とも言われるが、表だって明らかに説かれたこと、そしてその意味である。それに対して「彰隠密（隠または隠密）」とは、影でひそかに説くこと、そしてその隠れた意味のことである。親鸞によれば『観無量寿経』は表だっては第十九願に対応して、心が乱れないように修行し、またさまざまな善を積み重ねることによって浄土に往生することを説いている。また『阿弥陀経』は第二十願に応じて、一心不乱に称名念仏して往生を遂げるべきことを説いている。しかし親鸞は、その表の意味の背後に隠れた意味があると言うのである。結局は、心が乱れないようにすることがいかに困難であるか、善を積み重ねることがいかに困難であるかを示すことによって、また自己への執心、我執が、いかに如来の誓いを心から信じ、それに帰依することを妨げているかを示すことによって、自力への執着を断たせようという配慮が働いている、と解するのである。つまり『観無量寿経』のなかにも、また『阿弥陀経』のなかにも、真実には第十八願の純粋な他力の立場へと誘うという意図が働いているというのである。

武内義範も『教行信証の哲学』のなかでこの親鸞が言う「顕彰隠密」に注目している。武内の解釈のユニークな点は、ヘーゲルの『精神現象学』を手がかりとしてそれを理解している点である。『精神現象学』はさまざまな意識（さまざまな真理観）がその不十分性を自ら明らかにし、より高い段階へと高まって、最終的に絶対的な知へといたる道筋を描きだすが、そこでは、個々の意識に対して（「それにとって」）明らかになっている事柄と、最後の段階にまでたどりおえた哲学者にとって（「われわれにとって」）明らかな事柄とが区別される。そして『精神現象学』の歩みはこの二つの「にとって」が交錯する形で描かれていく。武内は顕彰隠密の「顕」が「それにとって」に対応し、「彰隠密」が「われわれにとって」に対応すると考える。

そのような理解の上に立って武内は『教行信証の哲学』の第三章第二節「顕彰隠密の義」のなかで次のように述べている。「それぞれの段階は、宗教的経験がその立場にとどまっている間は、真理の確信を有するものであったが、宗教的決断の深い体験を得るに至った今では、当然否定されねばならなくなったものである。しかもそれらの否定された体験も、この頂上に達するために欠くことのできぬ一歩一歩であった。ゆえにその一歩はいまだ達せぬ者には勧励されねばならず、達し終わった者には「廃立」が説かれねばならない(13)」。

たとえば第十九願の立場に立つ意識には、心が乱れないように修行し、またさまざまな善を積み重ねることこそが浄土に往生する唯一の正しい道であるという確信がある。しかしやがてそれが不可能なことを知り、自力への執着を断つにいたる。それが正しい道であることは、最後に到達した立場から照射される光によって示される。その立場からは最初の意識がもっていた確信は否定されなければならない。しかし、それらもまた、この最後の立場が成立するためになければならなかったものであり、そのような観点からその意義が認められる。それが、それぞれの立場がもっていたもう一つの隠れた意味ということになる。

「三願転入の文」は、すでに述べたように、親鸞が最後に立ちえた場所から自らのそれまでの歩みをふり返った文章であるが、そこには同時に、最後の段階から見たときに何が乗りこえられなければならないのかが記されている。そこには、これからこの道を歩む人がいかなる点を克服していかなければならないのかが記されていると言ってもよい。そういう意味で「三願転入の文」はただ単に親鸞が自らの歩みを回顧した文章ではない。そこには多くの人に救いの道を示したいという親鸞の利他教化の思いが込められている。

三願転入における第二十願の位置

三願転入という言葉で表現される信仰の動的な動き全体を見たときに、とくに注目されるのは、そこで第二十願が果たしている役割である。それが言わば核になって自力から純粋な他力の立場への転換が実現する。そこに三願転入のダイナミズムがある。

しかし、親鸞の信仰の歩みのなかでそれが実際にどのような役割を果たしたのか、見定めることは容易ではない。興味深い理解を示しているのは曽我量深である。曽我量深は『地上の救主』のなかに収めた論文「三願より発足して十重の一体に到着す」のなかで次のように述べている。「祖聖は一面に三願転入を告白しつゝ、而も一面には明瞭に吉水入室の時を以て捨雑行帰本願と告白し給ひたではない乎《か》。惟《おも》ふに祖聖の心霊界は客観的には唯聖道自力時代と浄土他力時代との二大時期に分ち得べきばかりである。即ち純自力の十九願の境より一躍純他力なる十八願に超え給ひたと決定せねばならぬ。所謂廿願の実験時代は客観的には祖聖にはないのである。されば三願転入の骨なる廿願の実験なるものは全く宗祖の深き主観の実験である」(14)。親鸞のなかには、自力によって往生をめざした時期(第十九願の境)と、純粋な他力の立場に立った時期(第十八願の境)とがあったばかりで、第二十願の立場というのは客観的には存在しなかったという、たいへん興味深い理解が示されている。「実験」とは実際に、あるいは実地に体験され、経験されることを指すが、自力への執着を内にはらんだ他力念仏の時期が客観的に、つまり過去から未来への時間系列のある時期にあったのではない、というのである。あったのは「純自力の十九願の境」と「純他力なる十八願」のみであり、親鸞は前者から一躍後者の立場へと超え出たというのが曽我の理解である。

「三願転入の骨」としての第二十願

　しかし曽我は他方で、第二十願について、それが「三願転入の骨」であるとも記している。またそれが「主観の実験である」とも述べている。なぜ第二十願は「三願転入の骨」と言われるのであろうか。またそれが「主観の実験」であると言われるのはどういう意味においてであろうか。そうした点を理解する手がかりになるのは次の文章である。「廿願の自力念仏、心の自力の廃捨は過去一定の時期を定むることが出来ぬ。その廃捨は常に現今に限るのである。所以者何《ゆゑいかに》となれば、自力心の廃捨はもう主観の事実でありて、それは「徹頭徹尾捨て難き自力」の現実に触るゝ時にのみ廃捨の意義が味はるゝからである。真の自力は「捨て得ざるを捨て得ず」と自覚するの意義に於て捨てたのである[15]」。

　まず廃捨が「常に現今に限る」というのは、先ほど見た「三願転入の文」の「いまことに方便の真門を出でて、選択の願海に転入せり」の「いまことに」に関わる。この「いま」は信仰の深まりのなかで経験した決定的な転換点としての「いま」である。それは過去から未来に向かって流れる時間系列のなかのある一点ではない。それはあくまで信仰者が経験しつつある「現今」である。「現今」と言われるのは、信仰者のなかでそれがすでに「主観の事実」になっているからである。「いま」あるいは「現今」はこの「事実」が成立した宗教的時間を指している。そこでのみ第十八願への転入は成立しうるのである。

そして「「徹頭徹尾捨て難き自力」の現実に触るゝ時にのみ廃捨の意義が味はるゝ」と言われていることからもわかるように、この第二十願の否定は、第十九願の最初のステップから次の第二十願のステップへと移ったあと、最後に第十八願のステップへというように、宗教的な意識の段階的な歩みのなかで、ある特定の時点で起こる出来事ではない。他力の立場に立ちながらも、そのなかでなお捨てがたい自力の力に否応なく直面させられたときに、それが自らの信仰の真のすがたであることを骨身にしみて認識したときに、そしてその自力を捨てることが自己の存在そのものに関わる抜き差しならない問題として意識されたときに、そこでこの否定（廃捨）転入は起こりうるのである。それは客観的な時間の流れのなかにおいてではなく、この「いま」、つまり「現今」において、したがってどこまでも主観のなかで起こるのである。

　しかもこの自力の廃捨は決して簡単には行いえない。簡単に捨てることはできない。「捨て得ざるを捨て得ず」という表現がおもしろい。捨てがたいことを自覚すれば捨てられるのではないのである。それを自覚してもなおかつ捨てられないのである。そのなかで、つまり「捨て得ざるを捨て得ず」という自覚のなかで、かろうじて捨てうるのである。

　それでは第二十願が「三願転入の骨」であるというのはどういう意味であろうか。曽我は「久遠の自力根性」という言い方をしている。[16] 一度、他力の立場に立ちえたとしても、われわれは必ずこの久遠の自力に直面するのである。われわれはたまたまそれに出会うのではない。それは他力の信仰の裏面に張り付いており、いつでも表面に顔を出して、われわれの信仰をあるべからざる方向へ導いていくのである。その久遠の自力を克服してはじめてわれわれは難思議往生を果たしうるのである。その意味で「三願転入の骨」という表現がなされたのだと考えられる（以上の点に関しては、第3章の「信仰のゆらぎ」をめぐる議論、とくに武内義範の理解を参照されたい）。

武内義範の「三願転入」理解

以上で見た曽我の理解は、通常の三願転入の理解から大きく逸れているように見えるが、実際の他力の信仰というものを考えたとき、たいへん説得力をもった理解であるように思われる。

そういう点で興味深いのは武内義範の第二十願についての理解である。武内もまた第二十願のリアリティを、全存在を賭けて決断し、名号にすべてを委ねながら、そこになお自力への執心が残りつづけていることを発見するところに見ている。第二十願は「宗教的実存の全存在においての決断」でありながら、「この決断の力と熱情（パトス）とに絡みついて、悪霊的な我性も自己を示してくる」[17]と武内は言う（信仰の道を自らのすべてを賭して歩む人ならではの言葉であるように思われる）。

このように武内は第二十願が目のあたりにする自力への執心を「悪霊的な我性」と表現してい

る。その具体的な例をわれわれは第3章で見た親鸞の上野国の佐貫での経験、すなわち三部経を千回読もうとしたことや、その十七、八年後に風邪をこじらせて高熱を発したときに『無量寿経』を絶えまなく読むという夢を見たという経験のなかに見ることができる。夢から覚めて親鸞が恵心尼に語ったという「人の執心、自力のしん〔信〕は、よくよく思慮あるべし」という言葉は、自力への執心が、表面上は消えさっても、心の底深くに残りつづけて、われわれの意識に働きかけてくることをよく示している。

たとえ「選択の願海」へと超入することができたとしても、それですべての歩みが終わったわけではなく、そこにふたたび自力の執心が頭をもたげてくるのである。そこでわれわれは自力の立場への顚落を経験する。そのことを武内は「自己疎外」というヘーゲルの言葉を使って表現している。しかも武内はこの自己疎外が「絶えず」起こると考えている。『教行信証の哲学』のなかで次のように述べている。「第十八願の精神はただ一度第二十願から転入して第十八願となってしまうのではなく、第十八願は絶えず第二十願を自己疎外によって成立せしめつつ、またさらにそれを消滅契機として否定し、第十八願に転入せしめ続けねばならない(18)」。人は一度だけではなく、くり返しくり返しこの第二十願への顚落を経験するのである。信仰の道とは、このくり返しであると言えるのではないだろうか。

そのように考えたとき、第二十願の位置と意味をわれわれはどのように捉えればよいのであろうか。武内は『教行信証の哲学』を刊行した二、三年後に『哲学研究』に発表した「教行信証における教の概念」のなかで、次のように記している。「第二十願は第十八願成立の消滅契機としてのみ存在して、決してそれ自身存在するものではない」。あるいは「第二十願はそれ自身としては無であって、ただ第十八願に関連してのみ有となる」[19]とも述べている。第二十願の立場は、第十九願の立場や第十八願の立場と並ぶような仕方で、ある時期に成立したものではなく、ただ第十八願に関連してのみ成立するのだという理解がここに示されている。「第二十願はただ第十八願によってのみ成立し、第十八願の内よりのみ開かれる扉である」[20]とも言われている。そしてそれを否定してふたたび第十八願の立場が成立するために、言わば鏡のなかの存在のように、「消滅契機」としてのみ存在しているということが言われている。

「三願転入の文」をそのまま読むと、三つの立場が、あるいは三つの時期が順に生起したように見えるのであるが、実際の信仰の歩みのなかでは、第二十願の立場は、第十八願の顚落態として、そして同時に、それ自身を否定してふたたび第十八願を可能にする自己否定的な契機として存在していると言えるのではないだろうか。以上のように理解したとき、「三願転入の文」ははじめてリアリティをもったものとして読まれるように思われる。

田辺元の「懺悔道としての哲学」と親鸞

前章で見たように田辺元は親鸞の信仰を自らの「懺悔道としての哲学」の道しるべとしたが、その際とくにその「三願転入」の理解に注意を向けた。最後にこの田辺の「三願転入」についての理解を見ておきたい。

田辺が『教行信証』を読解するにあたってその手がかりとしたのは、『懺悔道としての哲学』の「序」のなかで言われているように、武内義範の『教行信証の哲学』（一九四一年）であった。[21] もちろん武内も『教行信証の哲学』のなかで、師である田辺のすすめに従って『教行信証』をその研究の中心に据えたことを記している。二人のあいだには深い思想的な交流があったと推測される。

先に述べたように、戦争末期から戦後にかけての田辺の思索は「懺悔」をめぐって展開された。戦後まもなく一九四五年の十月に書き上げられ、一九四六年に出版された『懺悔道としての哲学』は親鸞の信仰を一つの軸にして論じられたが、田辺がそのなかに見たものもこの「懺悔」であった。田辺において「懺悔」とは、もともと、太平洋戦争のさなかにあって、そこから生みだされくるさまざまな不合理な出来事に知識の面でも、また実践の面でも具体的に対処することができず、時代の流れに流されるままになったこと、そして自らの哲学がそれに抵抗する支えになりえなかったこと、その自己の無力さに対する慚愧の念、加えて自らも学生を戦場に駆り立てる役割を果たさざるをえなかったことに対する罪責感などから生まれてきたものであった。この「懺悔」の道を歩こうとしていたときに田辺は、その信仰の歩みにおいて徹底して悪を自覚し、自己を抛棄するという懺悔の道を歩いた親鸞に出会ったのである。そして親鸞が歩んだのと同じ道を、いま自らが歩もうとしていることを田辺は、一九四四年一〇月に京都哲学会の公開講演会で行った講演「懺悔道――Metanoetik」のなかで次のように言い表している。「懺悔は親鸞更に法然・善導の踏んだ道であり、真宗は懺悔の上に成立したものである。私は親鸞が真宗の道の上に仏教の苦闘者として歩んだ道を哲学の道に於て踏む事を課せられた[22]」。

このような関心から田辺は親鸞の『教行信証』に目を向けた。『懺悔道としての哲学』のなかで田辺は、『教行信証』について、それが懺悔に裏づけられ懺悔によって支持推進せられた書と見なしうることを述べたあと、次のように記している。「教行信証の領解の鍵は一に懺悔にある。自ら懺悔して悲歎述懐を親鸞と共にするものでなければ、此書を味読することは出来ない[23]」。この親鸞の信仰の根底にある懺悔を田辺はとくに親鸞の三願転入についての理解のなかに見いだした。田辺によれば、第十九願・第二十願という自力執心の立場から第十八願の他力の立場への転回は、文字通り、この「懺悔」という性格をもつものであった。田辺はこの歩みを、「自力修行の衆生自らにおける、極重悪人なりとの懺悔、従って自力の無力に対する随順的絶望[24]」、そしてそこにおいて生じる自己のあり方の根本的な転換の歩みとして捉えたのである。田辺の「三願転入」の解釈の特徴は、このようにそれを懺悔の道として解釈した点にある。

上下昇降的循環運動としての三願転入

それともう一点、田辺の三願転入理解の大きな特徴は、それを固定した下から上へと登りつめていくプロセスとしてではなく、むしろそこに媒介ないし流動を見ようとした点にある。具体的に言えば、第二十願から第十八願への転入が、一方向的な転換ではなく、そこにつねに懺悔の悲痛を回避し、自力的な念仏に安住しようとする顚落の可能性が存在すること、したがって第二十願には第十八願へのステップという意味だけでなく、同時にその「疎外態」という意味があることを田辺は述べている。第十八願の立場は――武内の理解に通じるが[25]――「断えず安易の摂理方便思想に堕する危険に晒される[26]」。「他力念仏の裏面は自力念仏の抽象で張り亘され」ているのである。そして第十八願の立場は実際にたえずこの安易な方便へと堕落する。しかしそこからふたたび懺悔の道を歩む。この不断の懺悔によってはじめて「往生の果遂が保証せられる」。つまり懺悔は決して一回的なものでなく、つねにくり返されなければならないのである。

それだけでなく、田辺はさらに第二十願が第十九願へと顚倒落下する危険性にも言及している。「たとい念仏の行といえども、自力に発する限り、……相対の自己肯定となり、自然法爾たる不廻向の廻向ではなく自力廻向となるからである[27]」。そしてそこからふたたび懺悔の道が始まる。

三願転入は、このように第十八願から第十九願へと顚落するとともに、そこからふたたび第十八願へと戻るという形をとる。そしてそれは例外的な事態ではない。田辺が言うように、他力の立場の裏にはつねに自力への志向が張りついている。そのために三願転入は「上下昇降的循環運動」(28)という形を取らざるをえない。

この循環運動のなかで浮かび上がってくるのが第二十願の「中間性」である。ただ中間に位置するというのではなく、それは三願転入の媒介構造そのものを支えるのである。一方で自力の立場から第十八願へといたる媒介の役割を果たすだけでなく、他方、第十九願への顚倒を引き起こし、そこからふたたび第十八願へと帰るという運動を可能にする。第二十願の自己否定的な弁証法によって三願転入の「動的循環性」が可能になっているというのが田辺の理解であった。

「三願転入の文」に込められた意図

さて、以上で三願転入の問題が曽我や武内、田辺においてどのように受けとめられてきたかを見たが、それを踏まえて、改めて親鸞が「三願転入の文」にどのような意図を込めたのかを見ておきたい。

その意図について考えるために、まず「化身土巻」のはじめにおかれた次の文章に注目したい。「しかるに濁世の群萠、穢悪《えあく》の含識《がんしき》、いまし九十五種の邪道〔釈迦が在世した当時あった九十五種の異教〕を出でて、半満〔不完全なものと完全なもの（半字教と満字教）〕・権実〔方便の教えと真実の教え（権教と実教）〕の法門に入るといへども、真なるものははなはだもつて難く、実なるものははなはだもつて希《まれ》なり。偽なるものははなはだもつて多く、虚なるものははなはだもつて滋《しげ》し」（『聖典』三七五頁）。さまざまな外道・邪道の呪縛から逃れ、仏教に帰依したとしても、そして方便の教えに触れた人であっても、また真実の教えに触れた人であっても、ほんとうにその教えを理解し、その道を歩む人は少ない。たいていの場合、その心に偽なるもの、虚なるものが入り込んでいるというのである。

親鸞は衆生のそういう実際のありようを鋭く見抜いていた。そのように迷ってやまないわれわれに、めざすべきものがどこにあるのかを明確に示すという意図がこの「三願転入の文」にはあったと言ってよいであろう。それとともに、たとえ第十八願の立場に立ちえたとしても、われわれはつねに自力の立場に立ち戻る可能性をもっている。田辺の「他力念仏の裏面は自力念仏の抽象で張り亘され」ているという言葉は、他力の信仰の道を歩むことの困難さをきわめてよく示している。親鸞自身もまたそのことを深く自覚していた人であった。そのような信仰の具体的なあり方を踏まえ、そこからもう一度、身を翻す必要があることを親鸞はこの文を通して強調しようとしたと言えるのではないかと思う。

親鸞はほんとうに仏道を歩むことのむつかしさと怖さを、そして同時にそれを克服したときの深い喜びとを知っていた人だと言えるのではないかと思う。今回、親鸞の記したものを改めて読み返して、何よりそのことを強く感じた。

(1)「たとえわたしが仏になることができても、すべての人々がさとりを求める心を起こして、もろもろの功徳を積み、心の底からわたしの国に生まれたいと願うなら、命を終えようとするとき、わたしは多くの修行者とともにその人の前に現れたいと思う。もしそうでなければ、わたしは決してさとりを開かない」という意。至心発願の願、修諸功徳《しゅしょくどく》の願とも呼ばれる。

(2)「たとえわたしが仏になることができても、すべての人々がわたしの名を聞いて、その思いをわたしの国に向け、さまざまな功徳を積んで、心の底からその功徳をふり向け、わたしの国に生まれたいと願い、そしてそのことが果たせなければ、わたしは決してさとりを開かない」という意。至心回向の願、植諸徳《じきしょとく》本《ほん》の願とも呼ばれる。

(3)古田武彦『親鸞思想――その史料批判』(明石書店、一九九六年)第一篇第二章「親鸞の中心思想――三願転入の論理」参照。

(4)『三木清全集』(岩波書店、一九六六―一九六八年)第十八巻四七四、四七六頁参照。

(5)『三木清全集』第十八巻四七七頁参照。

(6)この点については杉岡孝紀が『親鸞の解釈と方法』(法藏館、二〇一一年)のなかで論じている。同書二八〇頁以降を参照。
（7）『武内義範著作集』第五巻二八五頁参照。
（8）『武内義範著作集』第五巻二八六頁参照。
（9）『新装版　教行信証の哲学』五六頁、『武内義範著作集』第一巻四五頁。
（10）『新装版　教行信証の哲学』一四六頁、『武内義範著作集』第一巻一一六頁。
（11）石田慶和『信楽の論理』（法藏館、一九七〇年）八四頁。
（12）松原祐善『親鸞と末法思想』（法藏館、一九七一年）二〇〇—二〇一頁。
（13）『新装版　教行信証の哲学』八五—八六頁、『武内義範著作集』第一巻六九頁。
（14）『曽我量深選集』第二巻三八二頁。
（15）『曽我量深選集』第二巻三八三頁。
（16）曽我は『教行信証「信巻」聴記』のなかで次のように記している。「二十願というものは、信心決定したからといって直ぐなくなるというものではない。……私どもには一生涯の間、二十願が心の深いところにはたらいている。分別——いわゆる分別という如き普通の分別意識ではない、特殊の深い分別意識であって、たとえ真実信心があっても、それはなくならない」（『曽我量深選集』第八巻一二七頁）。
（17）『新装版　教行信証の哲学』五四—五五頁、『武内義範著作集』第一巻四四頁。
（18）『新装版　教行信証の哲学』五六頁、『武内義範著作集』第一巻四五頁。
（19）『武内義範著作集』第一巻一六六頁。
（20）『武内義範著作集』第一巻一七〇頁。
（21）三木清も武内のこの書から大きな影響を受けている。その点については岩田文昭「三木清と武内義範」

（『宗教哲学研究』第二八号）を参照。
(22) 田辺元「懺悔道――Metanoetik」、『田辺元哲学選』Ⅱ・二一頁。
(23) 田辺元『懺悔道としての哲学』、『田辺元哲学選』Ⅱ・八〇頁。
(24) 田辺元『懺悔道としての哲学』、『田辺元哲学選』Ⅱ・三二三頁。
(25) 名和達宣が論文「「三願転入」論の波紋――曽我量深から京都学派、現代へ」のなかで述べているように、田辺は曽我量深からも大きな影響を受けていたと考えられる。名和は群馬大学附属図書館の田辺文庫の調査に基づき、田辺が曽我の『救済と自証』『地上の救主』などを読み込んでいたこと、とくに後者の「三願より発足して十重の一体に到着す」に注目し、先に引用した「廿願の自力念仏、心の自力の廃捨は過去一定の時期を定むることが出来ぬ。その廃捨は常に現今に限るのである」といった箇所に、とくに深い共感を抱いていたことを示す痕跡があることを述べている。『近現代『教行信証』研究検証プロジェクト研究紀要』第2号一五三頁以下参照。武内義範は「曽我先生にお目にかかった最初の日と最後の日」というエッセーのなかで、病弱であった田辺のために彼が曽我の著作を買い求めたこと、そして田辺がそれをすぐに的確に把握し、その親鸞理解に生かしたことを記している（『武内義範著作集』第五巻三七一頁）。
(26) 田辺元『懺悔道としての哲学』、『田辺元哲学選』Ⅱ・三二四頁。
(27) 田辺元『懺悔道としての哲学』、『田辺元哲学選』Ⅱ・三二五頁。
(28) 田辺元『懺悔道としての哲学』、『田辺元哲学選』Ⅱ・三二六頁。

エピローグ――イマジネーションの人・親鸞

西田と親鸞と海

西田幾多郎は海が好きな人であった。『善の研究』執筆の過程で残したメモ類が「純粋経験に関する断章」として『西田幾多郎全集』に収められているが、そのなかで西田は、第四高等学校で教鞭を執っていたころ、金沢にほど近い金石《かないわ》の海にしばしば出かけたことを記している。そしてハイネの「北海から」という詩やボードレールの「人と海」という詩を引用したりしながら、「海をながめるのも無限に深い意味のあるものである。余は唯《ただ》無限に遠い海のうねりを眺めるだけにて飽くことを知らない(1)」と述べている。おそらく限りなく広がる海、そしてくり返し打ち寄せる波濤のなかに感じとられる無限なものに強く魅せられたのではないだろうか。それと自らのなかにある無限なものとを重ねあわせていたのかもしれない。西田は数多くの短歌を作ったが、印象深いものの一つに、「わが心深き底あり喜《よろこび》も憂《うれい》の波もとゞかじと思ふ」というものがある。自己のうちには自己自身も決してそれを捉えることのできない深い深淵がある。その限りない深みから響く音を西田は波の音とともに聞いていたのではないだろうか。

親鸞の著作を読んですぐに気づくのは、海というメタファーがくり返し用いられていることである。『教行信証』の「総序」も「ひそかにおもんみれば、難思《なんじ》の弘誓《ぐぜい》〔人間が思いはかることのできない広く大きな誓願〕は難度海《なんどかい》〔渡ることがむつかしい大海〕を度する大船、無碍の光明は無明の闇を破する恵日《えにち》〔太陽のような無限な智慧の輝き〕なり」（『聖典』一三一頁）という言葉で始められている。源信の『往生要集』には海の比喩が数多く用いられているが、光と海のメタファーであふれている。親鸞の文章には、ここにも見られるように、光と海のメタファーであふれている。源信の『往生要集』には海の比喩が数多く用いられているが、「〔仏は〕法性の山を動かし、生死の海に入りたまふ」（『七祖篇』一〇五四頁）という言葉が示すように、源信においては法を象徴するのは何より山であったように思われる。法然も『選択本願念仏集』のなかで光の比喩をくり返し用いているが、しかし「海」の比喩はほとんど出てこない。源信や法然と比べて、親鸞の海への言及は比較にならないほど多い。

しかも親鸞においては、たいへん興味深いことに、一方でたとえば阿弥陀仏の本願の大いさが「本願海」と表現されたり、本願の力がふりむけられ生まれた固い信心が「大信心海」と表現されたりするとともに、他方、「生死の苦海」とか「無明海」、「一切群生海」、あるいは「愛欲の広海」などの例に見られるように、煩悩にさいなまれる衆生の自らの力ではいかにしても逃れることのできない世界もまた、海という言葉で表現されている（なぜ両者がともに海に喩えられたのか、この点についてはあとでもう一度触れたい)。

親鸞はなぜこのように好んで海というメタファーを用いたのであろうか。西田幾多郎は海に近いところに生まれ、育った人であった。それに対して親鸞は京都のいまの伏見区日野に生まれた人であった。親鸞がほんとうに海を目のあたりにしたのは、配流された越後であったと考えられる。赦免されるまでの五年間を親鸞は居多ヶ浜《こたがはま》に面した国府《こくふ》(いまの上越市)で過ごした。大きな、そして荒々しい、無限のエネルギーを秘めた海を日々、目にしたにちがいない。著作にくり返し現れる海のメタファーの背後には、このときの経験があったかもしれない。森竜吉も『親鸞随想——その精神と風土』(一九七二年)のなかに収めた「海」と題したエッセーのなかで、この「海を見、海と対面し、海によって生きる漁師たちとも語りあう機会をえた」時期こそが、親鸞にとってその「存在が根底からつくりかえられ」た時期であったのではないかと推測している(2)。この遠方に流された時期について親鸞は『教行信証』の「後序」で、わずかに「空師〔源空、つまり法然〕ならびに弟子等、諸方の辺州〔かたいなかの地〕に坐《つみ》して、五年の居諸《きょしょ》〔年月〕を経《へ》たりき」(『聖典』四七二頁)と記しているのみで、その実際の生活や心の風光を知る手がかりはまったくないのであるが。

海の比喩の歴史

仏法の偉大さを海に喩えることは、もちろん親鸞に始まるのではない。たとえば『涅槃経』「獅子吼菩薩品」(六)などにおいても大海に八つの不思議があることが言われている(3)。とくに——あとでみる曇鸞や親鸞の理解との関わりで——注目されるのは、大海は深くてかぎりがないとか、同一の味(鹹味《かんみ》)である、死尸《しし》(死骸)を宿すことがない、多くの河や雨水が流れ込んでも増えもせず、減りもしないなどと言われている点である。そのあと、それと同様の不思議が仏法にもあることが論じられている。

ブッダの教えの大きさを海に喩えることは龍樹の『大智度論』などでもなされている。そこに「仏法の大海は、信を〔以て〕能入と為す。智を〔以て〕能度と為す(4)」という表現がある。仏法という大いなる海は、信がなければそのなかに入ることはできないし、智慧がなければ渡ることができないという意味である。また龍樹の『十住毘婆沙論』に「かの八道〔八正道〕の船に乗じて、よく難度海を度したまふ」(『七祖篇』一九頁)とある。この言葉は『往生要集』でも引かれているが(『七祖篇』九〇一頁)、親鸞が『教行信証』「総序」で「難思の弘誓は難度海を度する大船」と表現したときにも、おそらくその念頭にあったと考えられる。

親鸞の海についての理解として興味深いのは、『教行信証』「行巻」の「一乗海」について論じた箇所である。そこで親鸞はまず、大乗の教えは、声聞〔説法を聞いて修行する者〕・縁覚〔一人で独自にさとりを開いた人〕・菩薩、以上の三乗の区別を越えてすべての人を救いとり、すべての人を仏たらしめる唯一のすぐれた教え（一乗）であることを述べている。そしてそれは「無辺不断」の、つまり空間と時間を超越した偉大な教えであるとし、その偉大さを「一乗海」というように海という言葉で表現している。そのあと海について、次のような説明を加えている。「「海」といふは、久遠よりこのかた凡聖《ぼんしょう》〔迷える凡夫と聖者〕所修《しょしゅ》の雑修《ざっしゅ》・雑善《ぞうぜん》の川水《せんすい》を転じ、逆謗《ぎゃくほう》〔五つの重い罪を犯したり、仏法をそしったりするもの〕闡提《せんだい》〔世俗的な快楽を追求して法を求めないもの〕・恒沙《ごうじゃ》〔ガンジス河の砂のように無数の〕無明の海水を転じて、本願大悲智慧真実・恒沙万徳の大宝海水と成る。これを海のごときに喩ふるなり」（『聖典』一九七頁）。

そのように言われたあと、世親『浄土論』の「仏の本願力を観ずるに、遇ひて空しく過ぐるものなし。／よくすみやかに功徳の大宝海を満足せしむ」（『七祖篇』三一頁）という言葉が引かれ、さらに、同じく『浄土論』の「天・人《にん》不動の衆、清浄《しょうじょう》の智海より生ず」（同）を取りあげた曇鸞の『往生論註』の言葉が引用されていることからも、親鸞が海について語るとき、世親・曇鸞の海への言及が踏まえられていたことはまちがいない。『往生論註』ではさらに、先に触れた『涅槃経』の記述に重なるが、「「海」とは、仏の一切種智《しゅち》は深広《じんこう》にして崖《かぎ》りなく、二乗雑善《ぞうぜん》の中・下の死尸《しし》を宿さざることをいひて、これを海のごとしと喩《たと》ふ」（『七祖篇』八四頁）と言われている。声聞（下）と縁覚（中）の二乗はさまざまな善行を積むが、最高のさとりをもとめないため、死戸（しかばね）にも等しいと言われるが、すべてのことをさとりえた仏の智慧は、しかばねをそのなかに宿さない。そのために「海」に喩えられるのだというのである。また曇鸞は「海の性《しょう》の一味にして、衆流《しゅる》入ればかならず一味となりて、海の味はひ、かれに随ひて改まらざるがごとし」（『七祖篇』六一頁）と述べている。いろいろなもの（煩悩や妄想）が流れ込んできても、海そのものの味は変わることがなく、同じ味わいでありつづけているということが強調されている。

親鸞は「行巻」において、先の海についての文章に続いて、「願海は二乗雑善の中・下の死骸を宿さず。いかにいはんや人・天の虚仮・邪偽の善業、雑毒雑心の死骸を宿さんや」（『聖典』一九七頁）と記しているし、「真仏土巻」では「海の性、一味にして衆流入るものかならず一味となつて、海の味はひ、かれに随ひて改まらざるがごとし」（『聖典』三五八頁）と記している。これらはまちがいなく曇鸞の記述を踏まえたものと言うことができる。

本願海と群生海

『教行信証』「行巻」の末尾に置かれた「正信偈」のなかには、「如来、世に興出《こうしゅつ》したまふゆゑは、ただ弥陀の本願海を説かんとなり。／五濁悪時の群生海《ぐんじょうかい》、如来如実の言《みこと》を信ずべし」とある。ここでは本願と衆生の世界とが対比されながら、ともに「海」という言葉で表現されている。生きとし生けるものを救おうという阿弥陀如来の慈悲の心と、生死の迷いの底深く、はてがない衆生のありようとが、なぜともに「海」という同じ言葉で表現されたのであろうか。

安冨信哉は『親鸞・信の構造』（二〇〇四年）のなかに収めた「海の論理――想像力と信仰」などで親鸞にとっての「海」のメタファーの意味を問題にしているが、そこでやはりこの箇所を取りあげ、この二種のメタファーがどのように関わっているのかを論じている。そして『高僧和讃』「天親讃」のなかの「本願力にあひぬれば／むなしくすぐるひとぞなき／功徳の宝海みちみちて／煩悩の濁水《じょくすい》へだてなし」（『聖典』五八〇頁）を引き、そのなかに「「転成」の論理」とでも言うべきものがあることを主張している。[5]

本願の大きなはたらきによって宝の海水が充ち満ちているなかでは、入り込んでくる煩悩の汚れた水もそれと一つになってしまうということがこの「天親讃」のなかで言われているが、同じ趣旨のことは、同じ『高僧和讃』の「曇鸞讃」のなかでも、「名号不思議の海水は／逆謗《ぎゃくほう》の屍骸《しがい》もとどまらず／衆悪《しゅあく》の万川《ばんせん》帰しぬれば／功徳のうしほに一味なり」（『聖典』五八五頁）と詠われている。死骸にも喩えられる五逆や仏法を謗るといった悪業も名号の広大な海のなかではとどまることがない、多くの川から流れ込んでくる無数の悪業も、そのなかに入れば、阿弥陀如来の功徳の海水と同じ味になるというのである。衆生の深い闇と如来の大きな慈悲の心とは断絶しているのではなく、如来の本願の力によって、生死の世界の濁水が功徳の宝海に変わるのである。先ほど触れた『涅槃経』の記述はおそらく『増支部経典』の記述に由来する。『増支部経典』でも大海の八つの不思議（稀有）が論じられており、第四の不思議（稀有）として、「いかなる大河も、つまりガンガー、ヤムナー、アチラヴァティー、サラブー、マヒー河ですが、それらは大海に達した後にもとの氏姓を捨てます。大海という呼称のみを、しかし、得るのです」[6]ということが言われている。大海に流れ込んでくる川はそれぞれがそれぞれの名前、それぞれの特質――さまざまな穢れや汚れ――をもっているが、海にいたれば、それと一体になり（同じ味になり）、同じ名で呼ばれるというのである。

この転化のダイナミクスを安冨は「「転成」の論理」と呼んだのである。このようにその本質において一であると考えられたがゆえに、如来の慈悲の心も無明の世界もともに「海」という言葉で表現されたと考えられる。しかし安冨はそれにとどまらず、たいへん興味深いことに、この「「転成」の論理」が「小乗仏教の《死の思想》（断煩悩得涅槃）から大乗仏教の《生の思想》（不断煩悩得涅槃）へのコペルニクス的な転回」につながったことを指摘している。[7]煩悩で汚れた水が宝の海水と同じ味になるということは、煩悩の汚れが消えることではない。そこではもはやもとの川の名前はないが、川が川であったゆえん――川のなかにあった汚れ――はそのまま残っている。汚れを残しつつ、同じ鹹味になっている。この点への注目が、煩悩を断つことによって涅槃を得るという発想から、煩悩をもったまま涅槃を得ることができるという新しい思想への飛躍を可能にしたと安冨は言うのである。

第4章で取りあげた「淤泥華《おでいけ》の喩え」——「高原の陸地には蓮華を生ぜず。卑湿の淤泥にすなはち蓮華を生ず」(『七祖篇』一三七頁)——はこの「生の思想」を語ったものと言うことができるであろう。親鸞の「正信偈」の「よく一念喜愛の心を発すれば、煩悩を断ぜずして涅槃を得るなり。/凡聖・逆謗斉《ひと》しく回入《えにゅう》すれば、衆水《しゅすい》海に入りて一味なるがごとし」(『聖典』二〇三頁)という言葉もこの思想を踏まえたものであったと言うことができる。

大峯顯は『花月のコスモロジー』(二〇〇二年)のなかで「煩悩の泥水であるわれわれが、ひとたび如来の本願界に帰入するならば、濁水は濁水のままで清浄無比な如来の海水と一つになる。濁水が消えて亡くなるのではない。濁水のままで清浄の海水へ転ぜられると言うのである(8)」と述べている。ここでも言われているように、「一味になる」というのは、濁水が濁水であることをやめるということではない。濁水でありつつ、宝海の味と一つになるということを意味する。「淤泥華の喩え」で言えば、蓮華の花はどこか清らかな場所で咲くのではなく、どこまでも泥の池のなかで咲くのである。

へだてなき救済

もう一点、親鸞の海の比喩との関わりで注目しておきたいのは、親鸞がこの本願の「宝海」ではすべての人が区別なく救われると考えている点である。『教行信証』「行巻」では「大小の聖人・重軽《じゅうきょう》の悪人、みな同じく斉《ひと》しく選択の大宝海に帰して念仏成仏すべし」（『聖典』一八六頁）と言われている。大乗の聖者であるか小乗の聖者であるかにはかかわりなく、また罪の軽重にはかかわりなく、すべての人が阿弥陀仏の大いなる救済のはたらきによって救われるというのである。『一念多念証文』では「宝海と申すは、よろづの衆生をきらはず、さはりなく、へだてず、みちびきたまふを、大海の水のへだてなきにたとへたまへるなり」（『聖典』六九〇頁）と言われている。大海の水は、そこに流れ込む水の素性を区別し、分けへだてることがない。だからこそ阿弥陀仏の本願は「弘誓」とも呼ばれ、「宝海」とも呼ばれるのである。

このことを親鸞は『教行信証』「信巻」のなかでより具体的に次のように言い表している。「おほよそ大信海を案ずれば、貴賤緇素《しそ》〔出家か在俗か〕を簡《えら》ばず、男女・老少をいはず、造罪の多少を問はず、修行の久近を論ぜず、……ただこれ不可思議不可称不可説の信楽なり」（『聖典』二四五頁）。他力の救済の世界においては、地位や身分、出家者か否か、性や年齢、罪の深さ、修行の期間などがまったく問われることがない。「大信海」とは、そうした区別がなくなり、ただ心からの信だけで成り立った世界のことにほかならない。

先に龍樹の『十住毘婆沙論』の「かの八道〔八正道〕の船に乗じて、よく難度海を度したまふ」という言葉を引いたが、この船には貴賤・男女・老少、罪の多少にかかわらず、すべての人が乗ることができる。親鸞は『尊号真像銘文』のなかで、法然門下の聖覚の「生死大海の大船筏《せんばつ》なり、あに業障《ごうしょう》の重きを煩はんや」という文を取りあげ、「弥陀の願力は生死大海のおほきなる船・筏なり、極悪深重の身なりとなげくべからずとのたまへるなり」（『聖典』六七〇頁）と注釈を加えている。親鸞の本願海や大信海のイメージは、このすべての人々をその出自や行状によって分けへだてることなく、同じように迷いの海を渡らせる大船のイメージと深く結びついていたと言うことができるであろう（ちなみに『選択本願念仏集』では、第7章で引用した龍樹『十住毘婆沙論』の、「正定はすなはちこれ阿毘跋致《あびばっち》〔不退転〕なり。たとへば水路より船に乗りてすなはち楽なるがごとし」という文章が引かれているのみで、法然自身が「船」をメタファーとして用いている箇所はない）。

なぜ「海」なのか

親鸞が海に特別な意味を見いだすきっかけになったのは、先ほど述べたように、越後の国府での経験であったと考えられる。しかしなぜそれほど海にこだわったのであろうか。なぜ仏の慈悲の心の深さや大きさを表現するために海のイメージを多用したのであろうか。

正確なことはもちろんわからないが、大峯顕が「親鸞の海」と題したエッセー（『花月のコスモロジー』所収）のなかで興味深い解釈を示している。そこで大峯は、親鸞には「異常なまでに烈しい内省力、その深い罪業の意識」があったことを指摘したあと、次のように述べている。「山

「山川草木や花月は、この烈しい内省の天才にとっては、ほとんどリアリティをもたない。形をとった自然は、煩悩や罪業の闇黒と阿弥陀の輝く光明の内へ姿を消してしまうのである。このようにして、残されてくる唯一の自然は海である。その海とは色や形ではない。むしろ力とはたらきである。親鸞にとって、海とは、そういう形をもたない実在というもののシンボルである(9)」。

満開の桜であれ、燃える若葉であれ、草木の美しさは、煩悩の闇のなかでは、あるいは阿弥陀如来の輝く光明のなかでは、その闇ないし光と一体になって、姿を消してしまう。親鸞に残されていた自然は海、しかも感覚のレヴェルで捉えられた海ではなく、力とはたらきとしての海であったというのである。そういうものであったからこそ、「形をもたない実在」のシンボルとなりえたという解釈はたいへんおもしろい。実際、親鸞にとって海は、居多ヶ浜の海と結びついてはいたであろうが、その本質においては、形をもたないものを象徴するものであったのである。

そのように考えると、自然は親鸞にとって道元とはまったく違ったように見えていたのかもしれない。道元は親鸞ほどではないが、たとえば『正法眼蔵』のなかで、「仏性海」(「仏性」)「三宝の海」(「発菩提心」)といった表現を用いている。『正法眼蔵随聞記』のなかでも、「学道の人は吾我のために仏法を学する事なかれ。ただ仏法のために仏法を学すべきなり。その故実は、我ガ身心を一物ものこさず放下して、仏法の大海に廻向すべきなり(10)」という道元の言葉が紹介されている。しかし、道元にとって海は、自然のなかの一つの存在にすぎなかったのかもしれない。

『正法眼蔵』第一は「現成公案《げんじょうこうあん》」と題されているが、この言葉には、いっさいのものの上に仏法の真理が現れており、それを求道の課題としなければならないという意味が込められている。そのような考えを踏まえて、『正法眼蔵』第五「即心是仏」では、「あきらかにしりぬ、心とは山《せん》河《が》大地なり、日月星辰《にちがつしょうしん》なり」と言われ、また第二九「山水経」では、「而今《しきん》の山水は、古仏の道《どう》現成《げんじょう》なり。ともに法位に住して、究尽《きゅうじん》の功徳《くどく》を成《じょう》ぜり」と言われている。いま・ここ、目の前にある山水は、仏の教えがそのまま現実になり、形を現したものである、いずれも仏法を実現してそのものの本来のあり方をしており、究め尽くされた功徳をたたえている、という理解を道元はもっていた。海だけが特別な意味をもっていたのではない。むしろ海は山河大地の一部であったと言ってよいであろう。一つ一つの花や木が功徳をたたえたものとして見られていたのである。

それに対して親鸞の目にはつねに自分の心の底にある深い闇が、また煩悩に惑わされ、いかにしても迷いの世界を脱することができずにいる人々、そして必死に救いの可能性を探し求める人々の姿が映っていた。そのような人々にいかにして救いの道を指し示すことができるか、そのことにすべての関心が向けられていた。そのために、親鸞には深い煩悩の闇を象徴する海が、そしてその闇を包む如来の慈悲の心の大きさを象徴する海が特別な意味をもっていたと言えるのではないだろうか。

(1)『西田幾多郎全集』第十六巻二五八頁。
(2)森竜吉『親鸞随想――その精神と風土』(三一書房、一九七二年)二三頁。
(3)『国訳大蔵経』経部第九巻(国民文庫刊行会、一九三六年)三四二頁参照。
(4)『大智度論』、『国訳大蔵経』論部第一巻(国民文庫刊行会、一九三六年)二六頁。
(5)安冨信哉『親鸞・信の構造』(法藏館、二〇〇四年)一四頁参照。杉岡孝紀も「親鸞における「海」のメタファー」と題した論考のなかで、一方で衆生の相が海に喩えられるとともに、他方で如来とそのはたらきが海に喩えられていることに注目している。『真宗学』第一一一・一一二合併号、二〇〇五年、二四八頁参照。
(6)『原始仏典』Ⅲ『増支部経典』第六巻(春秋社、二〇一九年)第八集第二章「おおいなる章」五九頁。
(7)安冨信哉『親鸞・信の構造』一四頁参照。
(8)大峯顯『花月のコスモロジー』(法藏館、二〇〇二年)一四八頁。
(9)大峯顯『花月のコスモロジー』一四六頁。
(10)『正法眼蔵随聞記』(長円寺本、第六)、水野弥穂子訳(ちくま学芸文庫、一九九二年)三三三頁。

【参考文献】

真宗聖典編纂委員会編『浄土真宗聖典――註釈版』本願寺出版社、一九八八年（『聖典』と略記する）
浄土真宗教学研究所・浄土真宗聖典編纂委員会編『浄土真宗聖典 七祖篇――註釈版』本願寺出版社、一九九六年（『七祖篇』と略記する）

『栄花物語』、『新編日本古典文学全集』第三一―三三巻（山中裕ほか校注・訳、小学館、一九九五―一九九八年）
『原始仏典』Ⅲ『増支部経典』第六巻、春秋社、二〇一九年
『正法眼蔵』全四巻、水野弥穂子校注、岩波文庫、一九九〇―一九九三年
『正法眼蔵随聞記』水野弥穂子訳、ちくま学芸文庫、一九九二年
『真理のことば・感興のことば』中村元訳、岩波文庫、一九七八年

『大智度論』、『国訳大蔵経』論部第一巻、国民文庫刊行会、一九三六年
『大般涅槃経』、『国訳大蔵経』経部第九巻、国民文庫刊行会、一九三六年
『ブッダ最後の旅――大パリニッバーナ経』中村元訳、岩波文庫、一九八〇年
『方丈記・徒然草・一言芳談集』、『日本の思想』5、臼井吉見編、筑摩書房、一九七〇年
『法然上人行状絵図』、『法然上人絵伝』二冊、大橋俊雄校注、岩波文庫、二〇〇二年

『梶山雄一著作集』第六巻『浄土の思想』吹田隆道編、春秋社、二〇一三年
『現代語訳 親鸞全集』第十集「研究」、講談社、一九七五年
『原典訳記念版キェルケゴール著作全集』7『哲学的断片への結びの学問外れな後書（後半）』大谷長訳、創言社、一九八九年
『原典訳記念版キェルケゴール著作全集』13『キリスト教への修練』ほか、山下秀智・國井哲義訳、創言社、二〇一一年
『鈴木大拙全集』全三二巻、岩波書店、一九六八―一九七一年
『世界の名著』二四『パスカル』前田陽一責任編集、中央公論社、一九六六年
『曽我量深講義集』第一巻『本願成就』彌生書房、一九七七年
『曽我量深選集』曽我量深選集刊行会編、彌生書房一九七〇―一九七二年

『曽我量深論集』第三巻『伝承と己証』丁子屋書店、一九三八年
『武内義範著作集』全五巻、法藏館、一九九九年
『田辺元哲学選』全四巻、藤田正勝編、岩波文庫、二〇一〇年
『西田幾多郎全集』全二四巻、竹田篤司ほか編、岩波書店、二〇〇二―二〇〇九年
『久松真一著作集』全八巻、理想社、一九六九―一九八〇年
『三木清全集』全一九巻、岩波書店、一九六六―一九六八年
『安田理深選集』全一五巻・補巻・別巻四、文栄堂書店、一九八三―一九九四年

赤松俊秀『親鸞』吉川弘文館、一九六一年
石田慶和『信楽の論理』法藏館、一九七〇年
出雲路修『親鸞〈ことば〉の思想』岩波書店、二〇〇四年
伊東恵深『親鸞と清沢満之――真宗教学における覚醒の考究』春秋社、二〇一八年
伊藤益『親鸞――悪の思想』集英社新書、二〇〇一年
大谷長・大屋憲一編『キェルケゴールと日本の仏教・哲学』東方出版、一九九二年
大峯顯『花月のコスモロジー』法藏館、二〇〇二年
大峯顯『花月の思想――東西思想の対話のために』晃洋書房、一九八九年

大峯顕『親鸞のコスモロジー』法藏館、一九九〇年
大峯顕『親鸞のダイナミズム』法藏館、一九九三年
大峯顕『宗教と詩の源泉』法藏館、一九九六年
梶山雄一『空の思想――仏教における言葉と沈黙』人文書院、一九八三年
梶山雄一『「さとり」と「廻向」』講談社現代新書、一九八三年
紀平正美『三願転入の論理』森江書店、一九二七年
清沢満之『現代語訳 わが信念』藤田正勝訳、法藏館、二〇〇五年
草野顕之『親鸞の伝記――『御伝鈔』の世界』、小川一乘監修『シリーズ親鸞』第六巻、筑摩書房、二〇一〇年
三枝充悳『中論――縁起・空・中の思想』レグルス文庫、一九八四年
佐藤正英『歎異抄論註』青土社、一九九二年
末木文美士『親鸞――主上臣下、法に背く』ミネルヴァ書房、二〇一六年
杉岡孝紀「親鸞における「海」のメタファー」、『真宗学』第一一一・一一二合併号、二〇〇五年
杉岡孝紀『親鸞の解釈と方法』法藏館、二〇一一年
鈴木大拙『日本的霊性』岩波文庫、一九七二年
鈴木大拙『妙好人 浅原才市集』（新装版）、春秋社、一九九九年

鈴木大拙・曽我量深・金子大栄・西谷啓治『親鸞の世界』真宗大谷派宗務所出版部、一九六四年
薗田坦『親鸞 他力の宗教――ドイツ講話集』法藏館、二〇〇七年
武内義範『教行信証の哲学』（新装版）法藏館、二〇〇二年
武内義範『親鸞と現代』中公新書、一九七四年
デニス・ヒロタ『親鸞――宗教言語の革命者』法藏館、一九九八年
寺川俊昭『往生浄土の自覚道』法藏館、二〇〇四年
寺川俊昭『親鸞のこころ――人間像と思想の核心』有斐閣新書、一九八三年
寺川俊昭『親鸞の信のダイナミックス――往還二種回向の仏道』草光舎、一九九三年
寺川俊昭『歎異抄の思想的解明』法藏館、一九七八年
名和達宣「「三願転入」論の波紋――曽我量深から京都学派、現代へ」、親鸞仏教センター（真宗大谷派）編『近現代『教行信証』研究検証プロジェクト研究紀要』第2号、二〇一九年
延塚知道『教行信証――その構造と核心』法藏館、二〇一三年
Martin Heidegger, Sein und Zeit. Tübingen 1972
Blaise Pascal, Pensées. Texte établi par Louis Lafuma, préface d'André Dodin. Paris 1962
長谷正當『浄土とは何か――親鸞の思索と土における超越』法藏館、二〇一〇年
長谷正當『親鸞の往生と回向の思想』方丈堂出版、二〇一八年

長谷正當『本願とは何か――親鸞の捉えた仏教』法藏館、二〇一五年
長谷正當『欲望の哲学――浄土教世界の思索』法藏館、二〇〇三年
平野修『親鸞の信の深層』法藏館、二〇〇〇年
藤秀璻『大乗相応の地』興教書院、一九四三年
藤田正勝『清沢満之が歩んだ道――その学問と信仰』法藏館、二〇一五年
藤田正勝『人間・西田幾多郎――未完の哲学』岩波書店、二〇二〇年
古田武彦『親鸞思想――その史料批判』明石書店、一九九六年
本多弘之『親鸞の名号論――根本言の動態的了解』法藏館、二〇一四年
松原祐善『親鸞と末法思想』法藏館、一九七一年
森竜吉『親鸞随想――その精神と風土』三一書房、一九七二年
八木誠一『宗教と言語・宗教の言語』日本基督教団出版局、一九九五年
八木誠一「言語と宗教――宗教の言葉とはどういうものか」、『アンジャリ』第一五号、浄土真宗大谷派親鸞仏教センター、二〇〇八年
安冨信哉『親鸞・信の教相』法藏館、二〇一二年
安冨信哉『親鸞・信の構造』法藏館、二〇〇四年
安冨信哉『近代日本と親鸞――信の再生』小川一乘監修『シリーズ親鸞』第九巻、筑摩書房、二一

〇一〇年
山折哲雄『『教行信証』を読む――親鸞の世界へ』岩波新書、二〇一〇年
山辺習学・赤沼智善『教行信証講義』全三巻、無我山房、一九一四年

あとがき

「まえがき」で記したように、本書は仏教学や真宗学の研究書として書かれたものではない。親鸞の人間としての魅力、そして親鸞の信仰の特徴と魅力（それ自体の、ということでもあるし、現代という視点から見て、ということである）を描きたいと思って執筆したものである。

筆者が親鸞のなかに人間としての魅力を感じるようになったのは、まだ大学で学んでいた頃のことであるが、『歎異抄』に触れたことがきっかけであった。それ以後、少しずつ親鸞の著作や和讃、書簡などを読んできたが、とくに大きな衝撃を受けたのは、『唯信鈔文意』のなかに出てくる「具縛《ぐばく》の凡愚・屠沽《とこ》の下類」という言葉であった。人間とは結局のところ、煩悩から離れられず、それに縛られている「凡愚」であるという洞察がそこにはあった。そして、屠沽と呼ばれる人々、つまり殺生や商いを生業とせざるをえない人々への親鸞の熱いまなざしが感じられた。末法の世において、貧しさのゆえに悪行に手を染めざるをえない人々、読み書きもできず、仏教の教えに触れる機会ももたない人々など、従来はいかにしても救われないと考えられていた人々義を確認しようとすることがなされている。

そのような状況を考えたとき、わたしたちはすべて石や瓦であるという認識をもっていた親鸞、幾重にも煩悩に縛られながらそこから逃れる力も手立てももたなかった人々、その身動きならない状況のなかであがき、必死に救いの可能性を探し求めていた人々にこそ救いの道を指し示そうとした親鸞のなかに、このような現状を克服する手がかりを見いだすことができるのではないか。いまわたしたちは何をめざすべきなのか、どういう社会を作っていくべきなのかをあらためて考えるための手がかりがそこから得られるのではないか。こうした思いが本書の背景にある。実際にどのような手がかりをそこから引きだしうるのか、それはこのあとの課題である。それをめぐって読者の皆さんと議論できればと思っている。

二〇二一年九月一日

藤田正勝

藤田正勝（ふじた　まさかつ）

1949年、三重県生まれ。1972年、京都大学文学部哲学科卒業。1978年、同大学院博士課程単位取得。ドイツ・ボーフム大学大学院修了、哲学博士。名城大学、京都工芸繊維大学、京都大学を経て、現在京都大学名誉教授。『若きヘーゲル』（創文社）、『清沢満之が歩んだ道　その学問と信仰』（法藏館）、『九鬼周造　理知と情熱のはざまに立つ〈ことば〉の哲学』（講談社）、『日本文化をよむ　5つのキーワード』（岩波書店）、『人間・西田幾多郎』（岩波書店）、『はじめての哲学』（岩波書店）ほか多数の著書がある。

親鸞
――その人間・信仰の魅力――

二〇二一年一二月一〇日　初版第一刷発行

著　者　藤田正勝
発行者　西村明高
発行所　株式会社　法藏館
京都市下京区正面通烏丸東入
郵便番号　六〇〇-八一五三
電話　〇七五-三四三-〇〇三〇（編集）
〇七五-三四三-五六五六（営業）

装幀者　熊谷博人
印刷・製本　中村印刷株式会社

ISBN978-4-8318-3845-2 C1015